Elisabeth Füngers

ayurveda

Elisabeth Füngers

ayurveda
DAS KOCHBUCH

südwest

inhalt

△ *Spinatsuppe*

▽ *Traumhafter Strand bei Unawatuna*

▽ *Gurken-Senf-Curry*
▽▽ *Zuggleis und Fußweg in einem: bei Galle*

▽ *Kartoffelcurry*

△ *Mariniertes Hühnchen*

△ *Fangfrischer Fisch auf der Grillpfanne*

fisch & fleisch 68

chutneys & mehr 88

▽ *Zwiebeln und Gurke mit Joghurt*

▽ *Sesambällchen*

Sri Lanka – die Heimat des Ayurveda

Das medizinische und naturheilkundliche Erbe, seit Jahrhunderten lebendig, hat vor Jahren seinen Siegeszug in die westliche Welt angetreten. Die älteste und grundlegende Naturheilkunde der Welt, der Ayurveda, hat auf Sri Lanka seinen Ursprung und seine Wurzeln.

Von Generation zu Generation wird hier das alte Wissen über die Ganzheit des Lebens von Vätern an ihre Kinder weitergegeben. Ayurveda ist eine detailgenaue, nachvollziehbare und unglaublich vielfältige Wissenschaft über die Einheit von Körper, Geist und Seele. Ayurveda – ein perfektes Medizinsystem, um den Körper gesund zu erhalten und von Krankheiten zu befreien.

Besonders auf Sri Lanka gibt es herausragende Ayurvedaärzte. Besondere Hochachtung genießen die Heilkundigen, die aus traditionellen Arztfamilien kommen, also alle Regeln des überlieferten Ayurveda beherrschen und sich in einem Universitätsstudium zusätzlich die Wissenschaft des Ayurveda angeeignet haben.

Überwiegend auf Sri Lanka wachsen alle bekannten Ayurvedaheilpflanzen und -kräuter, und so bietet die Insel die idealen Voraussetzungen für ayurvedische Kuren. Das tropische Klima spielt dabei eine entscheidende Rolle – sowohl für das Wachstum der Heilpflanzen als auch die gelungene Durchführung der Kuren. In der Wärme öffnen sich die Körperkanäle, und die erwünschten Reinigungsprozesse finden statt. Unter diesen idealen Bedingungen ist gerade auf Sri Lanka das zukunftsweisende und führende Ayurvedakurzentrum für ausländische Gäste entstanden, das neben einer ausgezeichneten gesundheitlichen Betreuung der Gäste durch erfahrene Ayurvedaärzte auch eine hervorragende und authentische Küche zu bieten hat. Und diese Idealvoraussetzungen waren Grundstein für dieses ayurvedische Kochbuch. Alle Foodfotos sind im Hotel Paragon auf Sri Lanka, an der Küste zum Indischen Ozean, entstanden, und zusammen mit den Reportagefotos spiegeln sie die bezaubernde Atmosphäre der Insel wider. Die authentischen ayurvedischen Rezepte machen dieses Buch zu einem außergewöhnlichen Kochbuch.

◁ Gewürze spielen eine zentrale Rolle in der ayurvedischen Küche. Nicht umsonst wird Sri Lanka, das Ursprungsland des Ayurveda, auch die »Gewürzinsel« genannt.

▽ Wer sich von Land und Leuten verzaubern lassen möchte, mietet sich ein Tuk-Tuk und genießt die Schönheit und den Reichtum der Insel Sri Lanka im Indischen Ozean.

Ayurveda am Ursprung

»Ayur« heißt Leben – oder auch Lebensspanne –, und »Veda« bedeutet Wissenschaft. Ayurveda ist also das Wissen vom langen und gesunden Leben. Diese Lehre hat ihren Ursprung vor etwa 5000 Jahren in der Region am Fuße des Himalayagebirges. Seit gut 3500 Jahren gibt es schriftliche Aufzeichnungen. Ayurveda ist eine ganzheitliche Gesundheitslehre, die auf die Harmonisierung von Körper, Geist und Seele zielt. Krankheit ist demnach eine Disharmonie. Man könnte auch sagen, Ayurveda ist eine Lebensphilosophie. Die Lebensenergie will bewahrt und gepflegt werden. Dazu brauchen wir frische Nahrung (keine Tiefkühlkost oder nichts Aufgewärmtes) und sauberes Wasser, reine Luft und Sonnenlicht, gemäßigte körperliche Bewegung und einen ausgewogenen Atem. Gewaltloses Verhalten und Ehrfurcht vor dem Leben sowie liebevolle und positive Gefühle gehören ebenso dazu. Die Quelle des Ayurveda liegt eigentlich in uns selbst. Ayurveda erstrebt die Heilung durch Selbstheilung.

Ayurveda ermuntert zu einem lustvollen und liebevollen Umgang mit sich und seinem Leben, zu Toleranz und Aufmerksamkeit gegen-

Früher hatte jedes Dorf seinen ayurvedischen Arzt, der von allen Dorfbewohnern gemeinsam bezahlt wurde.

Heute werden Kräuter für Heilbäder und Sonderbehandlungen, Blüten für duftende Bäder, Wurzeln, Rinden,

über sich und anderen. Ayurveda ist undogmatisch. Es gibt kein »Muss« – vielmehr soll Wachheit gefördert werden, um zu erkennen, was einem gut tut. Somit soll auch die Zubereitung des Essens immer mit einer positiven Haltung einhergehen. Die Grenzen zwischen Nahrungs- und Heilmitteln sind fließend.

Ayurveda bedeutet auch, einen natürlichen Tagesablauf zu leben. Frühes Aufstehen, Entspannungsübungen wie z. B. Yoga, viel warmes Wasser als Getränk, Massagen, mittags die Hauptmahlzeit, danach eine kurze Mittagsruhe, ein leichtes Abendessen und früh zu Bett gehen – das ist der ideale Tag nach ayurvedischem Verständnis.

Auf Sri Lanka wird die alte Volksmedizin heute wieder gefördert. Es gibt Krankenhäuser und Praxen im ganzen Land. Rund 12 000 ayurvedische Ärzte praktizieren, viele von ihnen stammen aus traditionellen Ayurvedafamilien. Die Ausbildung dauert mindestens vier Jahre, die westlichen Methoden sind in die Lehrpläne eingebaut. Gut 75 Prozent der Bevölkerung vertraut auf die ayurvedische Medizin.

▽Auch selbst gedrehte Pillen gehören zum ayurvedischen Behandlungsspektrum. Je nach Zutaten helfen sie bei erhöhtem Cholesterinspiegel, Diabetes oder Gelenkbeschwerden.

Öle und andere Schätze der Heilkunst im Kurhotel Paragon auf Sri Lanka frisch vor Ort verarbeitet und hergestellt. Zum größten Teil wird die tägliche Medizin in der hauseigenen Apotheke von Dr. Douglas Andrew Seneviratne (ganz links) individuell zubereitet.

Richtige Ernährung für jeden Typ

Erde, Luft, Wasser, Feuer, Äther – die fünf Elemente spiegeln sich in unserem Körper wider. Im Ayurveda setzen sie sich dort zu den drei Doshas zusammen. Sie heißen Vata, Pitta und Kapha. Diese drei Grundlebenskräfte müssen in Harmonie sein, wobei sich das Gleichgewicht in jedem Menschen individuell ausdrückt. Daraus ergibt sich der Rückschluss auf die jeweilige Konstitution. Ein ayurvedischer Arzt muss diese Konstitution bestimmen und feststellen, welchem Typ wir angehören. Mit dieser Konstitution werden wir geboren, sie ändert sich nicht, dennoch können die Lebenskräfte ins Ungleichgewicht geraten.

Eine auf den Typ abgestimmte Ernährung ist in der ayurvedischen Lebensweise von großer Bedeutung. Jedes Nahrungsmittel und Gewürz hat eine spezifische, traditionell bekannte Wirkung auf die drei Doshas.

Welche Doshas unsere Lebenskräfte bestimmen, meist sind es Mischformen, kann nur ein ayurvedischer Arzt mittels der Pulsdiagnose bestimmen. Nachfolgende Beschreibungen geben einen kleinen Einblick in die drei verschiedenen Konstitutionen:

Die drei Grundenergien Vata, Pitta und Kapha, die unsere körperlichen und geistigen Funktionen bestimmen, sind uns angeboren. Mit der Ernährung und unserer Lebensweise können wir die vorherrschenden Elemente in ein Gleichgewicht bringen oder dieses stören.

Vata-Typ leichter, schmalgliedriger Körperbau, geringes Gewicht, feine Haare, unregelmäßiger Appetit, neigt zu Verstopfung und Blähungen, der Schlaf ist eher leicht, mag ungern kaltes Wetter, psychische Belastungen können das Gleichgewicht stören, handelt schnell, regt sich leicht auf. Vata-Personen sind gesellig. Vata-Störungen sind schwer zu erkennen; sie äußern sich in nervösen Magenschmerzen, Nerven- und Muskelschmerzen, Unruhe oder depressiver Verstimmung. Das Sinnbild aus der Tierwelt ist die Gazelle – leichter, lockerer Gang und schnelle Beweglichkeit.

Pitta-Typ mittlerer Körperbau, Muttermale, gut proportioniert, guter Hunger und gute Verdauung, liebt regelmäßige Mahlzeiten, durchschnittliches Gedächtnis, kann aggressiv und stur sein, Abneigung gegen Zeitmangel. Pitta-Störungen zeigen sich in Hautirritationen, starker Infektanfälligkeit, Entzündungen, Niedergeschlagenheit und Angstzuständen. Das Sinnbild aus der Tierwelt ist der Tiger – aktiv und ehrgeizig.

Kapha-Typ kräftiger, fast schwerer Körperbau, regelmäßige Verdauung, kräftiges Haar, gutes Gedächtnis, langsame Auffassungsgabe, meist ruhig und ausgeglichen, neigt zu zu viel Schlaf, lehnt die Veränderung ab, schiebt Aufgaben gerne hinaus. Bei Kapha-Störungen sind die Personen müde, antriebslos, haben eine blasse, meist raue Haut, neigen zu Bronchitis, Asthma und Allergien und zu Habgier und Eifersucht. Das Sinnbild aus der Tierwelt ist der Elefant – gemütlich, traditionell, behäbige Gangart.

▷ *Vollreife Bananen haben eine beruhigende Wirkung auf alle Vata-Konstitutionen, also auf diejenigen, die z. B. zu unregelmäßiger Verdauung neigen.*

▷ *Scharfe Chilischoten gleichen Vata- und Kapha-Störungen wie z. B. Blähungen, Verstopfung, kalte Hände oder die Neigung zu Entzündungen aus.*

Pitta steht für die Hitze und die Kraft des Körpers und beeinflusst Stoffwechsel, Verdauung und Gemüt. Es ist die Energie, die den Körper und Stoffwechselvorgänge in Gang bringt.
Vata steht für die Bewegung, die aus der Energie des Pitta kommt. Es beeinflusst Atmung, Kreislauf und Stoffwechsel.
Kapha sorgt für den Erhalt der Körperfunktionen, für Stabilität und Widerstandskraft gegen äußere Einflüsse und Krankheiten. Es gleicht die beiden anderen Konstitutionen aus.

Die Behandlungen – ein Genuss für alle Sinne

▽ *Ausgangspunkt für den Therapieplan ist die traditionelle Pulsdiagnose. Ein guter Ayurvedaarzt kann in wenigen Minuten ohne Messgeräte und durch reines Ertasten des Pulses des Patienten jede Störung im Organismus entdecken, lokalisieren und deuten. Hier liegt die wahre Kunst des Ayurvedakundigen.*

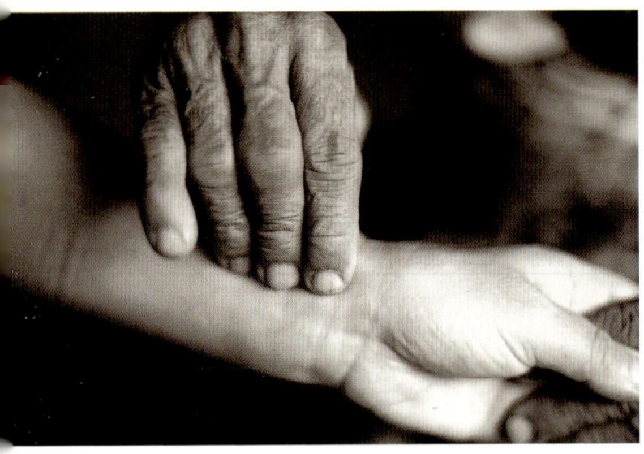

Keinem anderen Medizinsystem gelingt es, in zwei bis drei Wochen so grundlegende Veränderungen im Körper herbeizuführen wie eine Panchakarmakur, der Fachbegriff für eine Ayurvedakur, wie sie z. B. im Hotel Paragon auf Sri Lanka von Spezialisten durchgeführt wird. Dabei spielen viele Bereiche eine Rolle: ein individuell ausgearbeiteter Ernährungsplan, Bäder, Massagen, Kräutertherapien, mentale und körperliche Entspannung und die exakt dosierte wirksame Naturmedizin.

Am Beginn jeder Panchakarmakur steht die Pulsdiagnose, bei der der Arzt durch Ertasten des Pulses den Gesundheitszustand und die Konstitution des Patienten ermittelt. Gemäß dieser für westliches Denken fremden Methode wird dann jeder Baustein der Kur auf den einzelnen Patienten abgestimmt. Die Konstitution, das Alter, die Jahreszeit, die Beschwerden und der familiäre Hintergrund werden in die Therapie einbezogen. Nur wenn jedes Detail stimmt, das richtige Öl, die richtigen Kräuter, die richtigen Maßnahmen, wird die Kur erfolgreich sein.

Zunächst werden alle Schlackenstoffe und Ablagerungen durch Massagen und die richtige Ernährung aus den Geweben gelöst und ausgeschieden. Jede Zelle wird entgiftet und somit der Nährboden für Störungen entzogen. Diese Generalreinigung ist der zentrale Punkt im Kurablauf. Anschließend wird durch individuell abgestimmte Behandlungen das innere Gleichgewicht wieder aufgebaut.

▷ *Für alle Paragongäste sind die Bäder in Kräutern und exotischen Blüten besondere Erlebnisse – werden sie doch in Badehäuschen im Garten, untermalt vom Rauschen des Ozeans, durchgeführt. Auch hierbei werden die individuell abgestimmten Kräuter und Blüten mit größter Sorgfalt ausgewählt.*

Und nicht zuletzt spielt die richtige Ernährung im Sinne des Ayurveda eine entscheidende Rolle für den Erfolg einer Ayurvedakur. Die Kunst der Küchenbrigade des Hotels Paragon ist berühmt und bei den Gästen äußerst beliebt. Dosha-ausgleichende und den Körper harmonisierende Feinschmeckerbuffets gehören zu den Höhepunkten der Kur.

Aus dem großen Spektrum der unterschiedlichen Behandlungen treten einige Anwendungen aufgrund ihrer Wirkungskraft und dem erlebten Wohlbefinden besonders hervor. Der Stirnguss mit Heilkräuteröl – Shirodhara – gehört zu den Höhepunkten jeder Kur. Auch Abhyanga, die Ganzkörpermassage, mit ausgesuchten Kräuterölen ist ein besonderes Erlebnis. Zwei Therapeuten führen diese streichelnde Massage synchron durch. Abhyanga ist sehr bewährt bei Kreislauf- und Verdauungsstörungen, chronischen Krankheiten und entzündlichen Prozessen in Gelenken. Spezielle Augen-, Nasen- und Ohrenbehandlungen sind höchst wirksam bei Krankheiten im Kopfbereich, allen Erkrankungen der Nebenhöhlen, bei Nervenschmerzen und Halswirbelproblemen. Reis- oder Kräuterbeutelanwendungen sind erfolgreiche Helfer bei Gelenkschmerzen, akuten und chronischen Entzündungen des Bewegungsapparates. Warme Kräuterduschen und Bäder in heilenden Kräuterdämpfen sind entspannend und reduzieren körperliche Störfelder.

Wie ein Wunder an Wohlbefinden und Wirksamkeit erscheint dem Paragongast ein Aufenthalt in der ayurvedischen Sauna, befeuert mit Mango- und Zimthölzern. Erbaut von einem der letzten Meister dieser Kunst sind die igluartigen Häuschen, gefertigt aus Termitenton, Honig, Kräutern und anderen natürlichen Substanzen, der Stolz des Gesundheitszentrums. Die reinigenden Dämpfe entgiften sehr schonend.

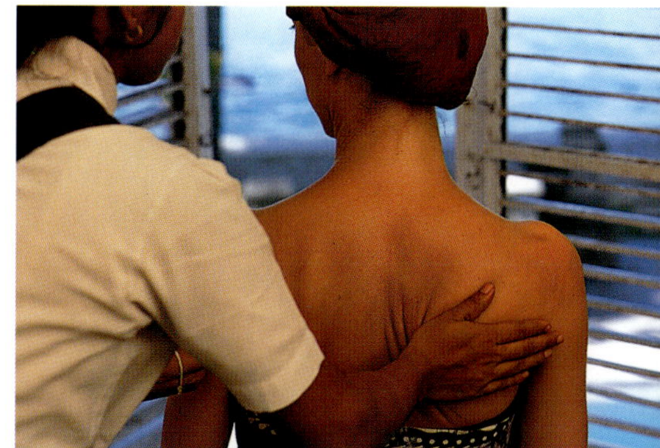

△ Übergewicht ist gut entgegenzuwirken mit Massagen, bei denen pulverisierte Kräuter und Mineralien in die trockene Haut eingearbeitet werden.

◁ Nasya ist eine Behandlung, bei der z. B. wertvolle Kräuteröle in die Nase geträufelt werden. Damit wird der obere Kopfbereich gereinigt und die Ausscheidung der Giftstoffe angeregt.

Paragon – traditioneller und authentischer Ayurveda

Oft genügen eine Begegnung, ein paar Worte, um bedeutende und richtungsweisende Pläne entstehen zu lassen – so auch zu Beginn eines der größten Ayurvedaprojekte auf Sri Lanka.

Der ceylonesische Besitzer des damals im Rohbau befindlichen Hotelkomplexes forderte die Beratung vom deutschen Ayurvedaspezialisten »Vita Vision« an. Nach intensiven Beratungen und Verhandlungen startet das spätere Ayurvedaressort mit einem Handschlag und dem Satz »Lass uns Partner sein«. »Vita Vision«, der Spezialist für ganzheitliche Gesundheit und Ayurveda, mit jahrzehntelanger Erfahrung in diesem Bereich, stellt das nötige Fachwissen zur Verfügung. Im Laufe der Weiterentwicklung fügen sich Teile zu einem Ganzen. Das erste internationale Ayurvedakurhotel auf Sri Lanka entsteht, das vielen ein bedeutungsvoller Platz für Regeneration und Gesundheit werden soll.

Bereits in der Planungsphase ist das Ziel klar: An diesem Platz sollen zum ersten Mal alle traditionellen Methoden und Behandlungen wiederbelebt und ausschließlich Panchakarmakuren durchgeführt werden, die der Weisheit und dem seherischen Wissen der großen Ayurvedaheiligen, den Rishis, gerecht werden.

△ Bereits in der weiträumigen Lobby des Kurhotels Paragon fängt die Erholung an.
▷ Am hoteleigenen Pool finden die Kurgäste Ruhe und können dort den Blick auf den Indischen Ozean genießen. Ein reines Kurhotel zu sein, mit direkter Lage am Indischen Ozean – und der Chance, einen tropischen Traumurlaub mit tiefster körperlicher und geistiger Regeneration zu verbinden, wurde das Geheimnis des Erfolges des Hotels Paragon auf Sri Lanka.

Paragon – das Wort hat eine doppelte Bedeutung und ist sowohl etwas »Beispielhaftes« als auch ein überaus »kostbarer Diamant« – sollte darüber hinaus eine bedeutende Rolle spielen bei der Wiederbelebung und Neuentdeckung des Ayurveda in allen Ländern. Zudem spielte vom ersten Tag an der Wunsch eine Rolle, dass diese asiatische Naturheilkunde im eigenen Land wieder den Stellenwert erhält, der ihr angemessen ist und der vielerorts in Vergessenheit geraten war.

Als im Oktober 1996 die ersten Gäste anreisten, stellte sich schnell heraus, dass alle Wünsche und Erwartungen erfüllt wurden. Im Herbst 2002 kann das Hotel auf eine ungewöhnliche Erfolgsgeschichte zurückblicken. Mittlerweile haben sich rund 6000 Menschen im Hotel Paragon erholt, haben Genesung gefunden und konnten mit neuer Kraft in den Alltag zurückkehren.

»Vita Vision« erarbeitete gemeinsam mit dem Gesundheitszentrum des Hotels immer neue Programme, neue Angebote und Besonderheiten, die dankbar von den Kurgästen angenommen wurden. »Vita Vision« wurde nach kürzester Zeit Charterer und entwickelte sich zum Spezialreiseveranstalter, der nicht nur Kuren strukturiert und anbietet, sondern die Gäste auch sicher und bequem an ihr Reiseziel bringt.

Sechs Jahre nach der Gründung des Ayurvedahotels Paragon erfährt die asiatische Naturheilkunde Ayurveda, oft als »Mutter« unserer westlichen Medizin bezeichnet, ein beispielloses Interesse und einen bemerkenswerten Zulauf bei den Kuren. Uraltes Wissen um die Ganzheit des Lebens hilft überanstrengten Personen, wieder zu sich selbst zu finden und die eigenen Selbstheilungskräfte anzuregen.

Paragon – der Platz zum Loslassen und Regenerieren

Die Atmosphäre

Schon durch die Hotelatmosphäre wird der Genesungsprozess eingeleitet. Es ist eine Oase der Ruhe. Ein Ort zum Verweilen, zum Loslassen und zum Einstimmen auf sich selbst. Von jedem Zimmer, der Lobby, dem Restaurant, der Yogahalle und den Behandlungsräumen aus hat der Kurgast die Weite des Indischen Ozeans vor Augen. So wird der Aufenthalt im Haus und in der tropischen Gartenanlage mit Blick auf den Horizont zu einer meditativen Ruhezeit.

Die Menschen im Hotel

Für die schöne Atmosphäre tragen die 180 ceylonesischen Angestellten des Hotels bei. Freundlichkeit, Liebenswürdigkeit und die stille Freude, den Gast zu verwöhnen, sind etwas Besonderes. Als Bindeglied zwischen Gast und einheimischen Angestellten fungiert das deutsche Gästebetreuerteam, das Sprachbarrieren abbaut und liebevoll die Kur begleitet.

Das Außergewöhnliche

Das Herz der Ayurvedaanlage ist das Paragon-Gesundheitszentrum. Über 50 perfekt ausgebildete Massagetherapeutinnen und -therapeuten

△ Jeder Gast im Hotel Paragon auf Sri Lanka ist beeindruckt von den hilfsbereiten Angestellten, der liebevollen Aufmerksamkeit der Ärzte, von dem bekömmlichen Essen und den wohltuenden Behandlungen.

▷ Aus dem Hotelzimmer kann man den weiten Blick auf den Indischen Ozean genießen.

sowie das hoch qualifizierte Ärzteteam, Meister der asiatischen Pulsdiagnose, bilden das Fundament für die wirksamen Panchakarmakuren. Auch das Wissen und die Erfahrungen der Ärzte tragen zu den außergewöhnlichen Ergebnissen der Kuren bei. Nicht nur die persönlichen Erfahrungen während der Kur, sondern auch die Vermittlung von Wissen und das Erkennen von Zusammenhängen fördern den Erfolg. Die Abende sind Fachvorträgen der Ärzte gewidmet.

Mentale Verspannungen und Stressblockaden werden durch Yoga und Meditationen gelöst. Stille, Entspannung, innere Einkehr und Rückbesinnung auf sich selbst sind wesentlicher Bestandteil der Kur.

Ayurveda am Ursprung – dies bedeutet auch: direkt von den Heilpflanzen und natürlichen Schätzen des Landes zu profitieren. Nur im Ursprungsland verfügt der Gast über die natürliche Vielfalt frisch geernteter Medizin. Im Hotel Paragon werden jeden Morgen frische Heilkräuter und Pflanzen von Sammlern angeliefert. Ausgewählte Ernteplätze und festgelegte Erntezeiten sind unabdingbar für höchste Qualität.

Das Traditionelle

Besucher der tropischen Insel Sri Lanka zu sein ist ein besonderes und unvergessliches Erlebnis. Daher legt »Vita Vision« höchsten Wert darauf, dass jeder Gast nicht nur die Kur erlebt, sondern auch die Traditionen des Landes kennen lernt. Jede Feier im Hotel ist eingebettet in buddhistische Traditionen und Zeremonien. Die alljährliche Geburtstagsfeier im Oktober ist inzwischen der Höhepunkt des Jahres: Bis zu 40 buddhistische Mönche besuchen die Anlage und segnen mit rituellen Handlungen die Gäste und das Projekt.

Küche und Kochen sind im Hotel Paragon herausragende Themen, und die Kochdemonstrationen erfreuen sich größter Beliebtheit. Hier werden die Prinzipien der Ayurvedaküche und die Wirkungen der Obst-, Gemüse- und Kräutersorten erklärt und deren Zusammenspiel verdeutlicht. Die wertvollen Erkenntnisse und die authentischen ayurvedischen Rezepte sind in diesem außergewöhnlichen Kochbuch zusammengestellt.

△ Auch von der Religion des Landes, der einheimischen Geschichte und der Kultur erfahren die Hotelgäste viel.

▷ Die Speisen auf den täglichen Buffets werden im Hotel noch traditionsgemäß in alten Tonkrügen und -schalen angeboten.

suppen

Küchengeräte

Küchenbesteck aus Kokosschalen und schön geformte Töpfe aus rotem Ton, in denen z. B. Currys und Suppen warmgehalten werden, sind auf Märkten und in Geschäften auf der ganzen Insel Sri Lanka zu finden.

Auf Sri Lanka sehen die Küchen ganz anders aus als im deutschsprachigen Raum. Das Leben auf dem Land und in den Dörfern ist noch weitgehend ursprünglich, und nur wenige Haushalte kochen mit einem Gaskocher oder Herd. Vielmehr wird über offenem Feuer gekocht, als Brennholz dient das Holz der Kokospalme. Eine Art Stövchen aus rot gebranntem Ton, in dem zum Zubereiten der Speisen das Feuer entfacht wird, dient als Feuerstelle. Zum Kochen benutzt man große, bauchige Tontöpfe, die sich zum Hals hin verjüngen. In ihnen gart das Essen langsam und schonend, denn der Ton leitet die Wärme gleichmäßig weiter.

Die Rührlöffel und Schöpfkellen, mit denen ursprünglich noch gekocht wird, sind meist aus der harten Schale der Kokosnuss gefertigt.

In der Ayurvedaküche arbeitet man häufig mit Mörsern – aus Porzellan oder Stein. Darin werden Gewürze und Kräuter fein zerkleinert, die Aromen verbreiten sich sehr gut, und die entstehende Würzmischung oder -paste schmeckt meist sehr intensiv.

Gheeherstellung

Ghee ist reines Butterschmalz und gilt als ein wichtiges Nahrungs- und Heilmittel in der ayurvedischen Küche und soll den Körper reinigen und entgiften. Ghee ist gut für das Herz, gibt Energie, regt den Appetit an, beruhigt das Nervensystem, reinigt das Blut und aktiviert das Verbrennungsfeuer, das so genannte Agni.

Die traditionelle Herstellung nach dem Rezept der ayurvedischen Ärzte ist nicht ganz einfach. Trotzdem kann man Ghee mit relativ wenig Aufwand selbst herstellen. Wer möchte, kann sich Ghee aber auch fertig in Asia- oder Naturkostläden kaufen. Man sollte dann aber unbedingt darauf achten, dass keine Konservierungsstoffe verwendet wurden.

Zur Zubereitung braucht man 250 Gramm Butter (Süßrahm oder Biobutter), einen Topf und einen Schaumlöffel, ferner ein dunkles Glasgefäß oder einen Tontopf. Für die genaue Herstellung siehe unten.

Eine Variante ist das dunkle Ghee, das wie braune Butter, also leicht nussig, schmeckt. Dazu muss der Topf einen sehr dicken Boden haben. 250 Gramm Butter zum Kochen bringen, die Hitze reduzieren und 15 bis 20 Minuten leicht kochen lassen. Dabei senken sich die Molkeflocken auf den Grund des Topfes und bilden eine braune Schicht.

Butter langsam erhitzen, bei geringer Hitze kochen lassen und die aufsteigenden Molkeflocken abschöpfen.

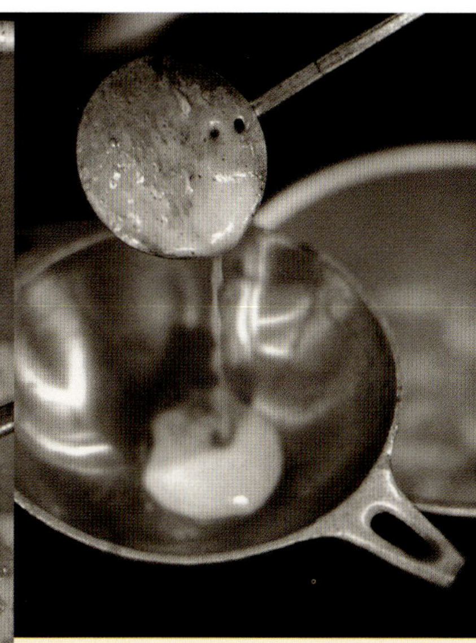

Den Vorgang so lange wiederholen, bis kein Schaum und Wasserdampf mehr aufsteigen. Dann ist das Wasser verdunstet. Die Butter ist nun goldgelb – geklärt – und wird in ein dunkles Glas gefüllt (ggf. durch ein feines Haarsieb gießen). Das Ghee kühl und dunkel aufbewahren. Es hält lange und wird nicht ranzig.

Rote-Bete-Suppe mit Koriander

Rathualla Soopaya

TUT VATA UND PITTA GUT
IST BEI KAPHA EHER ZU MEIDEN
HONIG HAT EINE AUSGLEICHENDE WIRKUNG AUF ALLE DOSHAS.

Die Zwiebeln abziehen und würfeln. Die Rote Bete waschen, schälen und in Scheiben schneiden. Den Ingwer schälen und würfeln.

Das Ghee erhitzen und die Zwiebeln darin glasig dünsten. Die Rote Bete zugeben und mitdünsten. Den Ingwer ebenfalls zugeben und umrühren. Das Gemüse mit Apfel- oder Kokosessig ablöschen. Den Honig zugeben, das Ganze mit der Brühe aufgießen, umrühren und die Suppe ca. 60 Minuten leicht kochen lassen.

Danach einige Scheiben Rote Bete aus der Suppe nehmen; den Rest im Mixer pürieren und mit Salz abschmecken. Die zurückbehaltenen Rote-Bete-Scheiben wieder zufügen.

Die Kokosmilch zur Suppe geben, umrühren und erwärmen. Die Suppe in Teller füllen und mehrere Tupfer Kokoscreme auf die Suppe setzen. Den Koriander waschen, trockenschütteln, fein hacken und über die Suppe streuen.

Für 4 Personen

2 Zwiebeln
5 mittelgroße Rote Bete
1 kleine Knolle Ingwer
2 EL Ghee
2 EL Apfel- oder Kokosessig
1 EL Honig
1/2 l Gemüsebrühe
Salz
800 ml dünne Kokosmilch (s. S. 70)
6 EL dicke Kokosmilch (s. S. 70)
1/2 Bund Koriander

Zubereitungszeit: 20 Minuten
Einkochzeit: 60 Minuten

Tempel und Mönche

In Sri Lanka kann jeder Mann buddhistischer Mönch werden. Dieser Schritt sei gut überlegt, denn die Entscheidung gilt ein Leben lang. Üblicherweise wird der jüngste Sohn einer singhalesischen Familie Mönch – dann ist er 8 bis 10 Jahre alt. Er besucht eine Mönchsschule, die jedoch für alle Kinder offen ist. Die Unterschiede der Orden zeigen sich hauptsächlich in der Art und Weise, wie die leuchtend orange bis ins auberginefarben gehenden Gewänder getragen werden – ob die Schultern frei oder bedeckt sind. Südlich von Colombo tragen die Ramanya-Mönche beide Schultern bedeckt und einen Palmfächer zum Schutz gegen die Sonne. Ca. 14 000 Mönche leben auf der Insel in 5000 Klöstern. Ein Mönch hat keinen weltlichen Besitz mehr außer seiner Robe, einer Almosenschale und einem Rasiermesser. Der Tag beginnt um 5 Uhr morgens, und ab 12 Uhr mittags darf nichts mehr gegessen werden.

Linsensuppe

Kahapaarippu Soopaya

TUT PITTA UND KAPHA GUT
IST BEI VATA EHER ZU MEIDEN
MIT KNOBLAUCH, INGWER
UND CHILI SIND DIE LINSEN
LEICHTER VERDAULICH.

Für 4 Personen

800 g gelbe oder braune Linsen
4 Knoblauchzehen
3 cm Ingwer
1 Chilischote
2 EL Ghee
1 1/2 bis 2 l Gemüsebrühe
Salz und Pfeffer

Zubereitungszeit: 50 Minuten
Einweichzeit: über Nacht

Die Linsen über Nacht einweichen. Das Wasser abgießen.

Den Knoblauch abziehen, die Zehen längs halbieren und in feine Scheiben schneiden. Den Ingwer schälen, ebenfalls längs halbieren und wie den Knoblauch in feine Scheiben schneiden. Die Chilischote sehr fein hacken.

Das Ghee in einem Topf erhitzen. Knoblauch und Ingwer in das Fett geben und langsam glasig dünsten. Chili und Linsen zugeben und etwas andünsten lassen.

Die Brühe zugießen und die Suppe mit Salz und Pfeffer würzen. Die Suppe ca. 30 Minuten (bei braunen Linsen ca. 45 Minuten) kochen lassen, bis die Linsen weich sind.

Die Linsensuppe pürieren und ggf. erneut abschmecken.

Rote-Linsen-Suppe mit Datteln

Rathu Danya Soopaya

TUT VATA UND KAPHA GUT
IST BEI PITTA EHER ZU MEIDEN
ROTE LINSEN SIND BEKÖMMLICHER ALS BRAUNE.

Für 4 Personen

250 g rote Linsen
2 rote Zwiebeln
2 kleine Möhren
1/2 Sellerieknolle
2 Knoblauchzehen
1 Chilischote
2 EL Ghee
1 1/2 l Gemüsebrühe
Kumin, gemahlen
Salz, 3 cm Ingwer
200 g Datteln (frisch oder getrocknet)

Zubereitungszeit: 70 Minuten
Einweichzeit: über Nacht

Die roten Linsen über Nacht (mind. 8 Stunden) einweichen. Das Wasser abgießen.

Die Zwiebeln abziehen und würfeln. Die Möhren waschen, evtl. schälen und in kleine Würfel schneiden. Den Sellerie putzen und fein raspeln. Den Knoblauch abziehen und fein hacken. Die Chilischote waschen und sehr fein hacken. Das Ghee in einem Topf erhitzen. Zwiebeln, Möhren, Sellerie, Knoblauch und Chili zufügen und darin glasig dünsten.

Die eingeweichten und abgetropften Linsen waschen und hinzufügen. Das Gemüse mit der Gemüsebrühe auffüllen. Mit Kumin und Salz nach Belieben abschmecken. Die Suppe ca. 20 Minuten leicht kochen lassen, bis die Linsen weich sind.

In der Zwischenzeit den Ingwer schälen und fein würfeln. Die Datteln entkernen und in Scheiben schneiden. Ingwer und Datteln zum Schluss zugeben und umrühren – die Suppe nicht mehr kochen lassen.

▷ *In der ayurvedischen Küche sollten auch rote Linsen eingeweicht werden, weil sie dann besser verdaulich sind.*

▽ *Frische Datteln schmecken nicht so süß wie getrocknete.*

Kürbis-Kokos-Suppe

Wattakka Pol Soppaya

TUT VATA UND PITTA GUT
IST BEI KAPHA EHER ZU MEIDEN
DIE KÜRBIS-KOKOS-SUPPE KÜHLT
BEI ZU VIEL INNERER HITZE.

Für 4 Personen

2 Zwiebeln
1 Ingwerknolle
750 g Kürbisfleisch
2 EL Ghee
1 l dünne Kokosmilch (s. S. 70)
ca. 1/2 l Gemüsebrühe
Salz
2 TL Currymischung Nr. 3 (s. S. 38)
Kokosraspeln zum Garnieren

Zubereitungszeit: 50 Minuten

Die Zwiebeln abziehen und in Ringe schneiden. Den Ingwer schälen und in feine Würfel schneiden. Den Kürbis putzen, die Kerne entfernen und das Fruchtfleisch in Spalten schneiden.

Das Ghee in einem Topf erhitzen. Zwiebeln und Ingwer in das Fett geben und langsam glasig dünsten. Den Kürbis zugeben und einige Minuten mitdünsten.

Die dünne Kokosmilch und die Brühe zugeben und umrühren. Mit Salz würzen und die Suppe 30 Minuten leicht kochen lassen.

Einige Kürbisspalten und Zwiebelringe zur Seite nehmen. Die Suppe im Mixer pürieren, mit Curry und Salz abschmecken. Die Suppe mit Kürbisspalten, Zwiebelringen und Kokosspalten dekorieren.

Ayurvedaapotheke und Heilkräuter

Eine Ayurvedaapotheke sieht beeindruckend aus. Die Ingredienzen für den täglichen Bedarf liegen in großen, in Fächer unterteilte Holzkästen und in Apothekerschränken mit vielen kleinen Schubladen. Es gibt zahllose Schachteln mit Pillen, Pulvern, Rinden, getrockneten Schalen, Kernen, zerkleinerten Hölzern und getrockneten Beeren. In großen Säcken befinden sich getrocknete Blüten, stachelige Zweige und Äste, Nüsse und Samenkapseln verschiedenster Pflanzen. In Gläsern wird Knoblauch mit Honig angesetzt und reift zu Medizin heran. Öl in allen Grün- und Brauntönen wird in großen Flaschen aufbewahrt. Jeden Tag wird frische Medizin zubereitet und für nahezu jede Krankheit, für jede kleine Beschwerde oder für jedes Unwohlsein werden die wirksamen, ganz unterschiedlich zusammengesetzten Tees, Salben, Öle, Pasten oder Tinkturen zubereitet. Die unzähligen natürlichen Zutaten geben ein anschauliches Bild von der umfassenden Heilkunst des Ayurveda.

Spinatsuppe

Nivithi Soopaya

TUT KAPHA GUT
IST BEI VATA UND PITTA EHER ZU MEIDEN
VITAMIN C AUS DEM LIMONENSAFT ERHÖHT DIE AUFNAHME DES EISENS AUS DEM SPINAT.

Den Spinat waschen, gründlich putzen und mit den Stielen grob zerkleinern. Den Knoblauch abziehen und längs halbieren. Den Ingwer schälen, in feine Würfel schneiden und beiseite stellen.

Das Ghee in einem Topf erhitzen. Spinat und Knoblauch einige Minuten darin dünsten. Mit Salz und Pfeffer würzen. Das Gemüse mit der Brühe und der Kokosmilch ablöschen und die Suppe ca. 10 Minuten leicht kochen lassen. Evtl. erneut abschmecken.

Die Suppe mit einem Pürierstab mixen, dabei nach Belieben einige Blätter ganz lassen. Danach die Ingwerwürfelchen zugeben und die Suppe mit dem Limonensaft abschmecken.

Tipp: Nach Belieben einen Klecks dicke Kokosmilch in jede Suppentasse setzen und die Suppe servieren.

Für 4 Personen

1,2 kg Blattspinat
2 Knoblauchzehen
3 cm Ingwer
2 EL Ghee
Salz und Pfeffer
1 l Gemüsebrühe
500 ml dünne Kokosmilch (s. S. 70)
Saft von 1 Limone

Zubereitungszeit: 30 Minuten

Kingcoconut

Eines der köstlichsten Produkte der Natur hängt weit sichtbar, leuchtend orange in den Palmen: die Kingcoconut. Diese bis zu zwei Kilogramm schweren Kokosnüsse werden geerntet, indem die Palmen erklettert und die Nüsse mit der bloßen Hand abgedreht werden. Die Kingcoconut, eine reine »Trinkkokosnuss«, ist ganz anders als ihre grünen Schwestern. Sie enthält kaum Fruchtfleisch, dafür ist sie gefüllt mit einer erfrischenden, klaren Flüssigkeit, die sehr viel Kalium und Magnesium enthält. Überall im Land kann man an Ständen, in Restaurants oder auch auf den Märkten diesen Durstlöscher kaufen. Gerne wird die Kingcoconut auch gleich vor Ort geöffnet. Mit einem langen, meist rostigen Messer wird an den Längsseiten ein wenig Schale abgehackt; nun kann sie auf der einen Seite liegen. In die andere Seite wird ein kleines Loch geschlagen, in das ein Strohhalm gesteckt wird.

Hühnersuppe mit Kochbanane

Kukul Mas Soopaya

Tut Vata und Pitta gut
ist bei Kapha eher zu meiden
Geflügelfleisch ist leicht verdaulich, da es wenig Fett enthält.

Für 4 Personen

4 kleine Hühnerkeulen
1 1/2 EL Ghee
2 reife Kochbananen
2 Zwiebeln
2–3 TL Currymischung Nr. 2 (s. S. 38)
Salz
1 Prise Zucker
Saft von 2 Limonen
250 ml dünne Kokosmilch (s. S. 70)
1 l Hühnerbrühe
Pfeffer

Zubereitungszeit: 50 Minuten

Die Hühnerkeulen am Gelenk durchtrennen. Ghee erhitzen und die Hühnerkeulen darin von allen Seiten ca. 5 Minuten bräunen.

Die Kochbananen in Würfel schneiden, in den Topf geben und mit anbraten. Die Zwiebeln abziehen und in Streifen schneiden. In die Pfanne geben und umrühren. Das Curry darüber streuen und mit anbraten (es darf nicht verbrennen). Das Hühnchen salzen und zuckern.

Den Limonensaft und die Kokosmilch zugeben, gründlich umrühren und mit 1 Liter Hühnerbrühe auffüllen. Die Suppe 20 bis 30 Minuten kochen lassen.

Wenn das Fleisch gar ist, die Hühnchenschenkel aus der Brühe nehmen, die vier Unterkeulen beiseite legen und warm halten. Die anderen Teile auslösen und das Fleisch zurück in die Suppe geben. Alles mit einem Mixer fein pürieren. Nach Belieben erneut mit Salz, Pfeffer und Curry abschmecken. Je ein Hühnerkeulchen in einen Suppenteller geben, mit Suppe auffüllen und servieren.

Gemüsesuppe
Ellawalu Soopaya

WIRKT AUSGLEICHEND AUF ALLE DOSHAS
INGWER REGT DIE VERDAUUNG UND SOMIT DAS AGNI AN.

Das Gemüse waschen, putzen, ggf. schälen und in Würfel schneiden. Den Knoblauch abziehen, längs halbieren und in dünne Scheiben schneiden. Den Ingwer schälen, die Stücke halbieren und ebenfalls in dünne Scheiben schneiden.

Das Ghee in einem Topf erhitzen. Das vorbereitete Gemüse sowie Knoblauch und Ingwer zufügen. Umrühren und das Ganze ca. 2 Minuten kurz anbraten lassen.

Das Gemüse mit der Brühe auffüllen und mit Salz und Pfeffer würzen. Die Suppe 20 Minuten leicht kochen lassen und abschmecken. Nach Belieben pürieren und z. B. zu den Chapati von S. 95 servieren. (Falls die Suppe nicht püriert wird, genügt 1 Liter Brühe).

Für 4 Personen

1 kg gemischtes Gemüse (z. B. Zwiebeln, Möhren, Porree, Sellerie, Rüben oder Kartoffeln)

2 Knoblauchzehen

3 cm Ingwer

2 EL Ghee

1 1/2 l Gemüsebrühe

Salz und Pfeffer

Zubereitungszeit: 45 Minuten

Das Gemüse zuerst in etwa 5 Zentimeter lange Stücke schneiden. Diese in Stifte und schließlich zu kleinen Würfeln schneiden. Die Gemüsewürfel gleichmäßig im heißen Ghee anbraten.

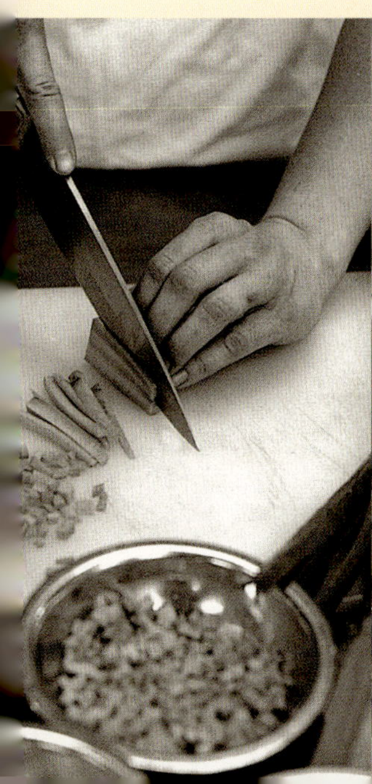

Das Gemüse mit Brühe ablöschen und darin weich kochen. Nach Belieben die Suppe zum Schluss mit gehackten Kräutern bestreuen.

Möhren-Erdnuss-Suppe mit Kokos

Kerrot Pol Soopaya

WIRKT AUSGLEICHEND AUF ALLE DOSHAS
SESAMÖL WIRKT ENTWÄSSERND; IST GUT BEI VATA-STÖRUNGEN.

Den Knoblauch abziehen und grob würfeln. Die Zwiebeln abziehen und in Streifen schneiden. Das Sesamöl langsam erhitzen.

Kuminsamen, Fenchelsaat, Koriandersamen und Knoblauch in das Öl geben. Die Hitze erhöhen und anbraten, bis das Ganze Farbe annimmt. Die Zwiebelstreifen zugeben und umrühren.

Die Möhren waschen, evtl. schälen und in 1 Zentimeter breite Scheiben schneiden. In die Pfanne geben und glasig dünsten.

Geröstete Erdnüsse zugeben und umrühren. Das Ganze mit der Gemüsebrühe auffüllen. Den Koriander waschen, trockenschütteln, fein hacken und dazugeben. Die Kokosmilch zugeben, umrühren und die Suppe 30 Minuten leicht kochen lassen.

Einige Möhrenstreifen zur Seite legen. Die Suppe pürieren. Mit Salz abschmecken. Den Ingwer schälen, fein hacken und dazugeben. Die Möhrenstreifen zur Suppe zurückgeben.

Die Suppe in Schalen füllen und nach Belieben mit einem Stückchen Kokosfleisch servieren.

Für 4 Personen

5 Knoblauchzehen
4 rote Zwiebeln
4 EL Sesamöl
1 TL Kuminsamen
1 TL Fenchelsaat
1 TL Koriandersamen
1 kg Möhren
250 g geröstete Erdnüsse (ungesalzen)
1 l Gemüsebrühe
1/2 Bund Koriandergrün
1/2 l dünne Kokosmilch (s. S. 70)
Salz
1 cm Ingwer

Zubereitungszeit: 60 Minuten

Heißes Wasser

Im Ayurveda kennt man seit Jahrtausenden die heilende Wirkung des Wassers; besonders das heiße Wasser wird als Heilmittel eingesetzt. Heißes Wasser kann die Schlacken und Giftstoffe, das so genannte Ama, aus unserem Organismus lösen und abtransportieren. Man kocht das Wasser möglichst 10 Minuten lang, dabei verändert es seine Struktur. Es wird reiner. Auf die Qualität des Wassers ist sehr zu achten, Mineralwasser ist am schadstoff- und rückstandsärmsten. In einer Thermoskanne heiß gehalten, trinkt man es über den Tag verteilt. Es ist ganz im Sinne des Ayurveda, den Tag mit einem oder mehreren Gläsern heißem Wasser zu beginnen. Das heiße oder warme Wasser hilft dem Körper zu entspannen, regt die Verdauung an, entgiftet und stillt ein vielleicht falsches Hungergefühl. Heißes Wasser dient der Gesundheit und der Schönheit. 2 bis 3 Liter am Tag sollten es schon sein.

reis & currys

Currymischungen

▽ Auf den Märkten gibt es reichlich heimisches Gemüse, Obst, Kräuter und Gewürze zu kaufen – die besten Zutaten z. B. für ein köstliches Gemüsecurry.

Üppiger geht es nicht. Wer einmal auf einem der lebhaften, bunten Märkte war, wird diesen Eindruck kaum mehr vergessen: Kunstvoll gestapelte Möhren liegen neben aufgetürmten Kürbissen, ausgebreitete frische Kräuter und Blätter in allen Grünschattierungen wetteifern mit goldgelben Bananen im Sonnenlicht. Zwiebeln und Schalotten verströmen ihren würzigen Duft, Säcke gefüllt mit Pfeffer, Chilies, Senfsaat und Gelbwurz stehen neben Körben voll mit Ingwerknollen. Aus all diesen Gewürzen lassen sich Currypulvermischungen herstellen.

Dies sind die drei Currymischungen, die für die Wirkung und für die Ausbalancierung der Gerichte im Ayurveda wichtig sind.

Currymischung 1 für Fisch:

10 Teile schwarze Pfefferkörner
1 Teil Senfsaat
2 Teile getrocknete Curryblätter
3 Teile Koriandersaat
1/2 Teil Zimt, gemahlen
2 Teile Kumin, gemahlen

Currymischung 2 für scharfe Currys und Gemüse:

3 Teile Koriandersaat
6 Teile Kumin, gemahlen
3 Teile rote getrocknete Chilies
2 Teile getrocknete Curryblätter
1/2 Teil Bockshornsamen

Currymischung 3 für Currys, milder als Mischung 2:

3 Teile Koriandersaat
2 Teile Kumin, gemahlen
1 Teil schwarze Pfefferkörner
1/2 Teil Senfsaat
1/4 Teil Zimt, gemahlen

Alle drei Currymischungen lassen sich einfach herstellen und sind in einem verschlossenen Glas immer griffbereit und lange haltbar. Am besten werden die Zutaten in einem hölzernen Mörser zerstoßen. Die harten Gewürzsorten, wie z. B. Pfeffer und Senfsaat, zuerst zerkleinern, dann die weichen oder schon gemahlenen zufügen und alle Zutaten gut vermischen.

◁ Currymischungen (quadratischer Teller) werden aus den folgenden Zutaten durch Zerstoßen in einem Mörser hergestellt: (von links) Curryblätter, Koriander, Pfefferkörner, Zimt, Kumin, Bockshornsamen, Pfefferschoten und Senfsaat.

△ Auf dem Markt in Galle, im Süden der Insel, gibt es den Obst- und Gemüsemarkt und einen Fischmarkt, die frühmorgens ab 8 Uhr beginnen. Dort kauft man frischen, z. B. den heimischen Merlet, oder getrockneten Fisch. Letzteren kann man mehrere Monate aufbewahren.

Gheereis

Ellagitel Bath

TUT VATA UND PITTA GUT
IST BEI KAPHA EHER ZU MEIDEN
NELKEN, KARDAMOM UND INGWER
REGEN DIE VERDAUUNG AN.

Für 4 Personen

2 Tassen Basmatireis (250 g)
2 EL Salz
2 rote Zwiebeln
1 Knoblauchzehe
2 TL Ghee
8 getrocknete Curryblätter
2 Nelken
1 Kardamomsaat

Zubereitungszeit: 25 Minuten

Den Reis in 4 Tassen Salzwasser in ca. 20 Minuten gar kochen. Das restliche Wasser abgießen.

Die Zwiebeln und den Knoblauch abziehen und in feine Würfel hacken.

Das Ghee in einer hohen Pfanne erhitzen. Zwiebeln und Knoblauch darin dünsten. Die Curryblätter zugeben und mitdünsten, nicht bräunen.

Nelken, Kardamomsaat und den gekochten Reis zugeben. Alles gründlich miteinander vermischen und zu einem Currygericht nach Belieben servieren.

▽ Ghee kann man selbst herstellen (siehe S. 23) oder im Asialaden kaufen.

▷ Tempelblüten sind sehr dekorativ und bezaubern durch ihren feinen Duft und ihre strahlend weiße Farbe mit gelben Farbakzenten in der Mitte der Blüte.

Gewürzter Reis mit Nüssen

Thunapatra Bath

TUT PITTA UND KAPHA GUT
IST BEI VATA EHER ZU MEIDEN
CURRYBLÄTTER REGEN DEN APPETIT AN
UND SENKEN DEN CHOLESTERINSPIEGEL.

Die Chilischote fein hacken. Den Knoblauch abziehen und in feine Würfel schneiden. Die Zwiebeln abziehen und fein hacken. Die Cashewkerne in einer Pfanne ohne Fett goldbraun rösten.

Das Ghee in einer hohen Pfanne erhitzen, Knoblauch und Zwiebeln zugeben und glasig dünsten. Die Chiliwürfel und den Reis zugeben und umrühren.

Mit 4 Tassen Wasser auffüllen und aufkochen lassen. Die Hitze reduzieren und zerriebene Curryblätter, Muskat, Salz und Pfeffer nach Belieben zugeben.

Unter ständigem Rühren die Masse etwas einkochen lassen. Wenn der Reis das Wasser vollständig aufgesaugt hat, die gerösteten Nüsse unterheben und den Reis zusammen mit einem Currygericht nach Wahl servieren.

Für 4 Personen

1 rote Chilischote

2 Knoblauchzehen

2 rote Zwiebeln

100 g Cashewkerne

50 g Ghee

2 Tassen roter Reis oder Vollkornreis (250 g)

1 Messerspitze Curryblätter, zerrieben

etwas Muskatnuss, frisch gerieben

Salz und Pfeffer

Zubereitungszeit: 45 Minuten

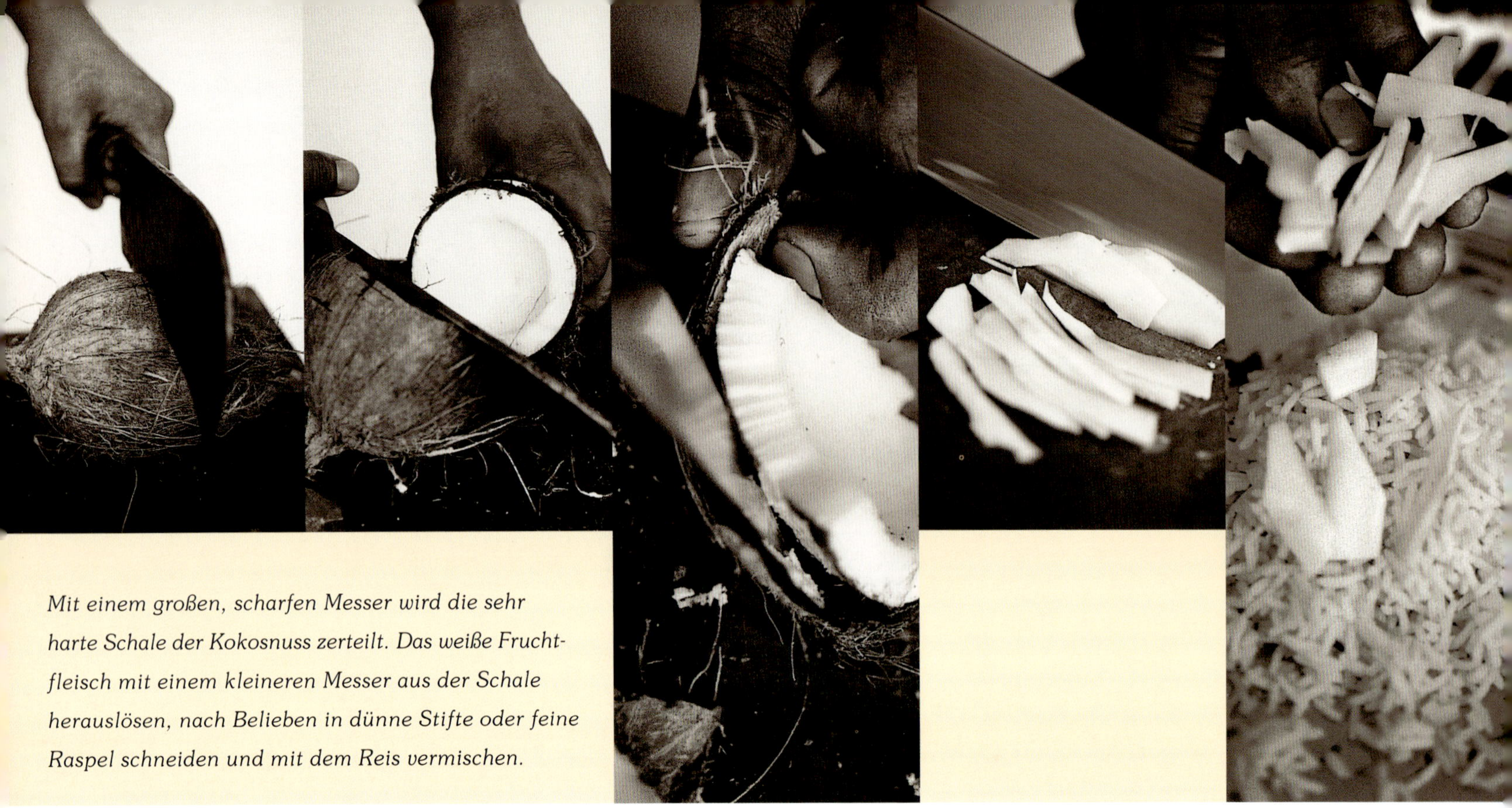

Mit einem großen, scharfen Messer wird die sehr harte Schale der Kokosnuss zerteilt. Das weiße Fruchtfleisch mit einem kleineren Messer aus der Schale herauslösen, nach Belieben in dünne Stifte oder feine Raspel schneiden und mit dem Reis vermischen.

Kokosreis

Pol Bath

WIRKT AUSGLEICHEND AUF ALLE DOSHAS
REIS NEUTRALISIERT IM KÖRPER UND IST JEDEM TYP ZU EMPFEHLEN.

Für 4 Personen

2 Tassen Basmatireis (250 g)
Salz
2 rote Zwiebeln
2 Knoblauchzehen
100 g frische Kokosnuss (ersatzweise Kokosraspeln)
1 EL Ghee
12 getrocknete Curryblätter
1 TL Senfsaat (schwarz oder weiß)
Pfeffer

Zubereitungszeit: 25 Minuten

Den Reis in 4 Tassen Salzwasser ca. 20 Minuten gar kochen.

In der Zwischenzeit die Zwiebeln abziehen und fein hacken. Den Knoblauch abziehen und in feine Würfel schneiden. Das Fleisch der Kokosnuss auf einem Gemüsehobel fein raspeln oder gekaufte Kokosraspeln verwenden.

Das Ghee in einer hohen Pfanne erhitzen und die Zwiebeln und den Knoblauch darin glasig dünsten. Die Curryblätter fein zerreiben. Zusammen mit Senfsaat, Salz und Pfeffer zu den Zwiebeln geben und leicht anbraten, nicht bräunen. Vom Feuer nehmen.

Wenn der Reis gar ist, diesen in die Pfanne geben. Die Kokosraspeln zufügen und umrühren. Den Kokosreis zu einem Currygericht nach Wahl servieren.

Pflaumenreis
Midi Bath

Tut bei Vata und Pitta gut
Ist bei Kapha eher zu meiden
Der Reis ist sehr leicht verdaulich.

Den Reis in 4 Tassen Salzwasser in ca. 20 Minuten gar kochen. Das restliche Wasser abgießen.

Die Zwiebeln und den Knoblauch abziehen und fein hacken. Die Petersilie waschen, trockenschütteln und fein hacken.

Das Ghee in einer hohen Pfanne erhitzen und die Zwiebeln und den Knoblauch darin glasig dünsten. Die Curryblätter zugeben und leicht anbraten.

Die Pflaumen waschen, halbieren, entsteinen und das Fruchtfleisch würfeln. Zu den Zwiebeln geben und kurz dünsten lassen.

Den gekochten Reis zugeben und umrühren. Den Pflaumenreis erneut abschmecken und zu einem Currygericht nach Belieben servieren.

Für 4 Personen

2 Tassen Basmatireis (250 g)
Salz
2 rote Zwiebeln
1 Knoblauchzehe
1/2 Bund Petersilie
2 EL Ghee
8 getrocknete Curryblätter
100 g frische Pflaumen

Zubereitungszeit: 25 Minuten

Gemüsereis

Ellawalu Bath

TUT VATA UND PITTA GUT
IST BEI KAPHA EHER ZU MEIDEN
NELKEN, KARDAMOM UND INGWER
MACHEN DAS GEMÜSE BEKÖMMLICHER.

Für 4 Personen

2 Tassen Vollkornreis (250 g)
Salz
100 g gemischtes Gemüse (z. B. Möhre, Porree und Kohl)
1 Knoblauchzehe
2 rote Zwiebeln
1 EL Ghee
Pfeffer
4 cm Ingwer
2 Gewürznelken
2 Kardamomsaat
8 getrocknete Curryblätter

Zubereitungszeit: 50 Minuten

Den Reis in 4 Tassen Salzwasser etwa 45 Minuten kochen.

Das Gemüse waschen, ggf. schälen, putzen und in sehr dünne Streifen schneiden. Einige Streifen zur Seite legen und den Rest fein würfeln. Den Knoblauch und die Zwiebeln abziehen und beides würfeln.

Das Ghee in einer hohen Pfanne erhitzen, Gemüsewürfel, Knoblauch, Zwiebeln, Pfeffer, Ingwer, Nelken, Kardamom und die zerriebenen Curryblätter zugeben und im Fett ca. 3 Minuten dünsten.

Den gekochten Reis zugeben und gründlich umrühren. Den Gemüsereis mit den beiseite gelegten Gemüsestreifen garnieren und zu einem Currygericht nach Wahl servieren.

Der Reisanbau

Hellgrün leuchtende Reisfelder sind auf Sri Lanka zu allen Jahreszeiten sichtbar. Die Versorgung mit Reis, dem Hauptnahrungsmittel des Landes, war nicht immer ausreichend. Das lag zum einen daran, dass die Agrarwirtschaft in der Kolonialzeit gelitten hatte, zum anderen gab es früher nur wenige Reissorten. Zudem hatte man Probleme, den Reis zu lagern. Heute gibt es viele Sorten: weißen, braunen, roten und den Basmatireis, und von den Zeiten der einst knappen Versorgung ist nichts mehr zu spüren.
Der Reisanbau ist ganzjährig möglich. Bevor der Reis eingepflanzt wird, werden die Felder gepflügt, wobei man häufig noch einen Wasserbüffel vor den Pflug spannt und der Bauer bis zu den Knien in der Erde hinterhergeht. Die Reispflanzen werden vorgezogen und dann in Reih und Glied auf die mit Wasser gefluteten Felder gepflanzt. Das Feld wird bis zur Reisblüte bewässert, dann trockengelegt. Anschließend wird geerntet. Die Bewässerungssysteme waren schon in der Antike technische Meisterleistungen. König Pandukabhaya hatte bereits 430 v. Chr. im Osten von Anuradhapura einen Stausee, den Mahaweli-See, angelegt. Die neueren Anlagen mit Dämmen und Schleusen werden heute noch z. T. von diesem See gespeist.

Kichererbsencurry

Kadala Maluwa

TUT VATA UND PITTA GUT
IST BEI KAPHA EHER ZU MEIDEN
KUMIN MACHT DAS KICHERERBSEN-CURRY LEICHTER VERDAULICH.

Für 4 Personen

300 g Kichererbsen oder Mungobohnen
3 rote Zwiebeln
2 Knoblauchzehen
500 ml dünne Kokosmilch (s. S. 70)
12 getrocknete Curryblätter
1 TL Kurkuma, gemahlen
1 EL helles Senfpulver
1 Messerspitze Kumin, gemahlen
1 TL Koriandersaat
Salz
200 ml dicke Kokosmilch (s. S. 70)

Zubereitungszeit: 70 Minuten
Einweichzeit: über Nacht

Die Kichererbsen oder Mungobohnen über Nacht einweichen. Geschälte Mungobohnen nicht einweichen. Das restliche Wasser abtropfen lassen.

Die Zwiebeln abziehen und in Streifen schneiden. Den Knoblauch abziehen und fein hacken.

Die dünne Kokosmilch zusammen mit Zwiebeln, Knoblauch, Curryblättern, Kurkuma, Senfpulver, Kumin, Koriandersaat und den Kichererbsen in einen Topf geben, umrühren und bei kleiner Hitze gut 40 Minuten leicht kochen lassen. Dabei gelegentlich umrühren.

Das Salz zugeben und das Kichererbsencurry weitere 10 Minuten kochen lassen, bis die Kichererbsen weich sind.

Zum Schluss die dicke Kokosmilch zugeben. Alles noch etwas einkochen lassen und evtl. erneut abschmecken. Das Curry zusammen mit einem Reis nach Wahl servieren.

Bockshornkleecurry
Munetta Maluwa

TUT PITTA GUT
IST BEI VATA UND KAPHA EHER ZU MEIDEN
BOCKSHORNKLEE IST SEHR GESUND UND REGT DIE VERDAUUNG AN.

Den Bockshornklee über Nacht einweichen. Die restliche Flüssigkeit abgießen.

Die Zwiebel abziehen und in Streifen schneiden. Den Knoblauch abziehen und fein hacken.

Das Ghee erhitzen. Zwiebel, Knoblauch, Curryblätter, Kurkuma, Senfpulver, Nelke und Kardamomsaat glasig dünsten. Den eingeweichten Bockshornklee zugeben und 5 Minuten unter Rühren mitdünsten.

Das Ganze mit der dünnen Kokosmilch ablöschen und etwa 20 Minuten leicht kochen lassen.

Die dicke Kokosmilch zugeben und umrühren. Das Curry mit Salz abschmecken und als würzende Beigabe verwenden.

Tipp: Das Bockshornkleecurry ist sehr intensiv im Geschmack und schmeckt recht bitter. Deswegen ist es weniger als pures Curry zuzubereiten, sondern gibt als würzende Zutat vielen Gemüsecurrys, wie z. B. Spinat-, Möhren- oder Linsencurrys, einen besonders guten Geschmack.

Als Würze für Currys

125 g Bockshornklee (aus dem Asialaden)

1 kleine rote Zwiebel

1 kleine Knoblauchzehe

2 Curryblätter, zerrieben

1 1/2 TL Ghee

1 Prise Kurkuma

1/2 TL Senfpulver

1 Gewürznelke

1 Kardamomsaat

Salz

125 ml dünne Kokosmilch (s. S. 70)

50 ml dicke Kokosmilch (s. S. 70)

Zubereitungszeit: 40 Minuten
Einweichzeit: über Nacht

Die Aromen von Nelken und Kurkuma harmonieren gut mit dem intensiven Geschmack des Bockshornklees.

Kartoffelcurry
Alla Maluwa

TUT VATA UND KAPHA GUT
IST BEI PITTA EHER ZU MEIDEN
KARTOFFELCURRYS SOLLTEN STETS
MIT VERDAUUNGSFÖRDERNDEN
GEWÜRZEN GEKOCHT WERDEN.

Für 4 Personen

1 kg fest kochende Kartoffeln
1 rote Zwiebel
2 Knoblauchzehen
12 getrocknete Curryblätter
Salz
1 Messerspitze Kurkuma, gemahlen
1 geh. EL Currymischung Nr. 3 (s. S. 38)
500 ml dünne Kokosmilch (s. S. 70)
200 ml dicke Kokosmilch (s. S. 70)

Zubereitungszeit: 35 Minuten

Die Kartoffeln waschen, schälen und längs vierteln. Die Zwiebel abziehen und in Scheiben schneiden. Den Knoblauch abziehen und fein hacken.

Kartoffeln, Zwiebel, Knoblauch, Curryblätter, Salz, Kurkuma, Curry und die dünne Kokosmilch in einen Topf geben und unter Rühren langsam aufkochen lassen.

Den Deckel schließen und das Kartoffelcurry auf kleiner Flamme 15 bis 20 Minuten leicht kochen lassen.

Die dicke Kokosmilch zufügen und umrühren. Das Kartoffelcurry erneut abschmecken und zusammen mit einem Reis nach Wahl servieren.

Frische Auberginen haben eine glatte, pralle Schale.

Auberginencurry

Wambotu Maluwa

TUT PITTA GUT
IST BEI VATA UND KAPHA EHER ZU MEIDEN
DAS AUBERGINENCURRY IST SEHR REICHHALTIG; DESHALB BEI KAPHA MEIDEN.

Den Knoblauch abziehen und klein schneiden. Die Zwiebeln abziehen und in Ringe schneiden.

Das Ghee in einem Topf erhitzen. Knoblauch, Zwiebeln, Curryblätter, Kurkuma und Curry zugeben und alles bei mittlerer Hitze glasig dünsten. Die Gewürze dürfen dabei nicht bräunen.

Die Auberginen längs halbieren, die Hälften längs dritteln und in fünf Zentimeter lange Stücke schneiden. Zu den Zwiebeln geben, umrühren und einige Minuten im Topf scharf anbraten lassen.

Das Auberginencurry mit Salz würzen und mit der dünnen Kokosmilch ablöschen. Das Curry 10 Minuten bei kleiner Hitze kochen lassen. Die dicke Kokosmilch zugeben, erwärmen und das Curry ggf. erneut abschmecken. Zusammen mit einem Reis nach Wahl servieren.

Für 4 Personen

2 Knoblauchzehen
3 rote Zwiebeln
4 EL Ghee
12 getrocknete Curryblätter
1 Messerspitze Kurkuma, gemahlen
1 geh. EL Currymischung Nr. 3 (s. S. 38)
3 große Auberginen
Salz
500 ml dünne Kokosmilch (s. S. 70)
200 ml dicke Kokosmilch (s. S. 70)

Zubereitungszeit: 35 Minuten

Gelbes Linsencurry mit Spinat

Kaha Danya Maluwa

TUT PITTA UND KAPHA GUT
IST BEI VATA EHER ZU MEIDEN
LINSEN ENTHALTEN VIELE BALLASTSTOFFE UND REGEN DIE VERDAUUNG AN.

Für 4 Personen

600 g gelbe Linsen
500 g Blattspinat
2 rote Zwiebeln
2 Knoblauchzehen
3 cm Ingwer
2 EL Ghee
1 Messerspitze Kurkuma, gemahlen
1 EL dunkle Senfsaat
Salz
500 ml dünne Kokosmilch (s. S. 70)
200 ml dicke Kokosmilch (s. S. 70)
1/2 Bund Koriander

Zubereitungszeit: 60 Minuten
Einweichzeit: über Nacht

Die Linsen über Nacht einweichen lassen. Die restliche Flüssigkeit abgießen.

Den Spinat waschen, putzen, grob zerzupfen und beiseite stellen. Die Zwiebeln und den Knoblauch abziehen und fein hacken. Den Ingwer schälen und fein hacken.

Das Ghee in einem Topf erhitzen und Zwiebeln, Knoblauch, Ingwer und Kurkuma glasig dünsten. Die Senfsaat im Mörser zerkleinern, ebenfalls hinzufügen und umrühren. Die Linsen zugeben, umrühren und einige Minuten dünsten lassen. Mit Salz würzen.

Das Linsencurry mit dünner Kokosmilch auffüllen und 20 bis 30 Minuten leicht kochen lassen. Den Spinat zufügen und das Curry einige Minuten kochen lassen, bis die Linsen weich sind. Die dicke Kokosmilch zugeben, umrühren und erwärmen.

Zum Schluss den Koriander waschen, trockenschütteln, grob hacken und über das Linsencurry streuen. Das Linsencurry zusammen mit einem Reis nach Belieben servieren.

Tipp: Das gelbe Linsencurry schmeckt auch sehr gut, wenn es mit frischem Rosmarin gewürzt wird.

Ayurvedaöle und -behandlungen

Öle spielen im Ayurveda eine große Rolle, z. B. für den sehr bekannten Shirudara-Stirnguss, eine der wichtigsten Heilanwendungen im Ayurveda. Für eine Dauer von 20 Minuten wird warmes Öl über die Stirn gegossen. Der Ölstrahl bewegt sich dabei gleichmäßig und langsam auf der Stirn hin und her. Diese Behandlung entspannt vollkommen – man kann alles um sich herum vergessen. Für die verschiedenen Behandlungen wie Öl-Kopfmassage, Öl-Körperdusche oder Synchronmassage wird für jeden Patienten ein auf ihn abgestimmtes Öl hergestellt. Die Basis ist immer Sesamöl oder das Öl des India-Butter-Tree.

Flaschenkürbiscurry

Pipinnya Maluwa

WIRKT AUSGLEICHEND AUF ALLE DOSHAS
DAS FLASCHENKÜRBISCURRY BERUHIGT EINEN NERVÖSEN MAGEN.

Für 4 Personen

600 g Flaschenkürbis (ersatzweise anderer Kürbis, z.B. Hokkaido)
3 Knoblauchzehen
3 rote Zwiebeln
2 TL Bockshornkleesamen
1 Zimtstange
1 TL Kurkuma, gemahlen
1 geh. EL Currymischung Nr. 3 (s. S. 38)
Salz
500 ml dünne Kokosmilch (s. S. 70)
200 ml dicke Kokosmilch (s. S. 70)
schwarzer Pfeffer aus der Mühle

Zubereitungszeit: 40 Minuten

Kürbis schälen, die Kerne mit einem scharfkantigen Löffel entfernen und das Fruchtfleisch in 3 Zentimeter große Würfel schneiden.

Knoblauch abziehen und in feine Scheiben schneiden. Zwiebeln abziehen und in Ringe schneiden.

Kürbis, Knoblauch, Zwiebeln, Bockshornkleesamen, Zimtstange, Kurkuma, Curry, Salz und beide Kokosmilchsorten in einen Topf geben, umrühren und das Curry bei geringer Hitze ca. 15 Minuten garen.

Nach Belieben zum Schluss mit frisch gemahlenem Pfeffer abschmecken. Zusammen mit einem Reis nach Wahl servieren.

Flaschenkürbisse werden auf Sri Lanka angebaut und sind überall auf den Märkten zu finden. Zimt ist die Rinde des Zimtbaumes, der ebenfalls auf der Insel wächst.

Süßkartoffelcurry mit Spinat

Batala Nivithi Maluwa

Wirkt beruhigend auf alle Doshas
Kurkuma ist auch unter dem Namen Gelbwurz bekannt und wirkt verdauungsfördernd.

Die Süßkartoffeln waschen, schälen und in dicke Stifte schneiden. Die Zwiebeln abziehen und fein hacken. Den Knoblauch abziehen und in feine Würfel hacken.

Den Spinat waschen, putzen und verlesen. Die Stiele entfernen und die Blätter trockentupfen. Die Curryblätter zerreiben.

Kartoffeln, Zwiebeln, Knoblauch, zerriebene Curryblätter, Salz, Kurkuma, Curry und die dünne Kokosmilch in einen Topf geben und umrühren. Das Süßkartoffelcurry aufkochen lassen und bei geschlossenem Deckel 20 Minuten garen.

Die dicke Kokosmilch zugeben und aufkochen.

Den Spinat zum Schluss unterheben, evtl. erneut abschmecken und das Curry zuammen mit einem Reis nach Wahl servieren.

Für 4 Personen

1 kg Süßkartoffeln
3 rote Zwiebeln
2 Knoblauchzehen
300 g Blattspinat
1 geh. TL getrocknete Curryblätter
Salz
1 TL Kurkuma, gemahlen
1 EL Currymischung Nr. 3 (s. S. 38)
500 ml dünne Kokosmilch (s. S. 70)
200 ml dicke Kokosmilch (s. S. 70)

Zubereitungszeit: 55 Minuten

Lotuswurzelcurry

Nelum Alla Maluwa

TUT PITTA GUT
GLEICHT VATA UND KAPHA AUS
LOTUSWURZELN WIRKEN VERDAUUNGSFÖRDERND UND SIND GUT FÜR DIE BLUTGERINNUNG.

Für 4 Personen

400 g frische Lotuswurzel (ersatzweise tiefgekühlte)
2 rote Zwiebeln
2 Knoblauchzehen
2 EL Ghee
1 Messerspitze Kurkuma, gemahlen
1 EL Currymischung Nr. 2 (s. S. 38)
Salz
500 ml dünne Kokosmilch (s. S. 70)
200 ml dicke Kokosmilch (s. S. 70)

Zubereitungszeit: 45 Minuten

Die frische Lotuswurzel gründlich abbürsten. In 1/2 Zentimeter dicke Scheiben schneiden. Tiefgekühlte Lotuswurzeln auftauen lassen.

Die Zwiebeln abziehen und in feine Streifen schneiden. Den Knoblauch abziehen und fein hacken.

Das Ghee in einem Topf erhitzen. Knoblauch und Zwiebeln zufügen und darin glasig dünsten. Die Lotuswurzeln zugeben und ebenfalls glasig dünsten. Kurkuma, Curry und Salz zur Lotuswurzel geben und umrühren.

Die dünne Kokosmilch zugeben und alles 15 Minuten leicht kochen lassen. Die dicke Kokosmilch zufügen, erwärmen und das Lotuswurzelcurry ggf. erneut abschmecken. Zusammen mit einem Reis nach Belieben servieren.

Der Arbeitselefant

Elefanten gibt es auf Sri Lanka nur noch in den Schutzzonen, und ihr Bestand wird auf etwa 3800 geschätzt; davon sind etwa 500 Tiere Arbeitselefanten. Die meisten wurden als verwaiste Babyelefanten im Waisenhaus von Pinawella, einer kleinen Stadt in der Nähe der Hauptstadt Colombo, aufgezogen. Von klein auf werden sie an ihren Mahut (Herrn) gewöhnt, zu dem sie ein enges Verhältnis aufbauen. Stirbt der Mahut vor seinem Elefanten, so trauert dieser sehr lange um seinen Herrn. Elefanten werden viele Arbeitsbefehle in ihrem gut 70-jährigen Leben lernen. Sie können roden, große Baumstämme und Steinbrocken transportieren, sie nehmen reich geschmückt an Prozessionen teil oder traben auch schon mal mit Touristen auf dem rauen, grauen Buckel am Strand entlang. Man lässt den Dickhäuter gut 5 Stunden arbeiten, danach braucht das Tier ein langes Bad, um sich zu erholen. Der Elefant aalt sich im Wasser, und sein Mahut schrubbt ihn dabei ab. Sie fressen am Tag bis zu 300 Kilogramm Grünfutter.

Austernpilzcurry
Hathu Maluwa

WIRKT AUSGLEICHEND AUF ALLE DOSHAS
DIE SCHARFEN CHILISCHOTEN IM CURRYPULVER MACHEN DAS PILZGERICHT BEKÖMMLICHER.

Für 4 Personen

600 g Austernpilze
2 Knoblauchzehen
2 rote Zwiebeln
2 EL Ghee
1 Messerspitze Kurkuma
1 geh. EL Currymischung Nr. 2 (s. S. 38)
Salz
500 ml dünne Kokosmilch (s. S. 70)
200 ml dicke Kokosmilch (s. S. 70)
schwarzer Pfeffer aus der Mühle

Zubereitungszeit: 30 Minuten

Austernpilze putzen, größere in Streifen schneiden, kleinere ganz lassen.

Knoblauch abziehen und fein hacken. Zwiebeln abziehen und in feine Streifen schneiden.

Das Ghee in einer hohen Pfanne erhitzen. Die Austernpilze mit den Zwiebeln und dem Knoblauch goldgelb bräunen. Das Austernpilzcurry mit Kurkuma, Curry und Salz würzen. Die dünne Kokosmilch angießen, umrühren und die Pilze 15 Minuten darin bei kleiner Hitze garen. Gelegentlich umrühren.

Die dicke Kokosmilch zufügen, umrühren und erwärmen. Evtl. erneut abschmecken. Zum Schluss das Austernpilzcurry mit frisch gemahlenem Pfeffer bestreuen.

Das Austernpilzcurry zusammen mit einem Reis nach Wahl servieren.

Die Fermentation

Sowohl in unserer Kultur als auch im Ayurveda kennt man die heilende Wirkung von heißen Getreidesäckchen, die, auf schmerzende Gelenke aufgelegt, Linderung verschaffen. Für die Milchreisfermentation wird der Reis in Säckchen gefüllt und in Kokosmilch ca. 25 Minuten weich gekocht. Wenn der Reis »gar« ist, klopfen die Ayurvedatherapeutinnen bestimmte Stellen des Körpers mit den heißen Säckchen rhythmisch ab. Dabei lösen sich Ablagerungen in Gelenken, und die Knochen- und Geweberegeneration wird angeregt. Im Ayurveda gibt es eine Vielzahl derartiger Anwendungen. Es gibt kleine Säckchen mit gedämpften Heilkräutern für das Gesicht, andere helfen den Gelenken – diese Wärmebehandlung hat eine sehr wohltuende Wirkung.

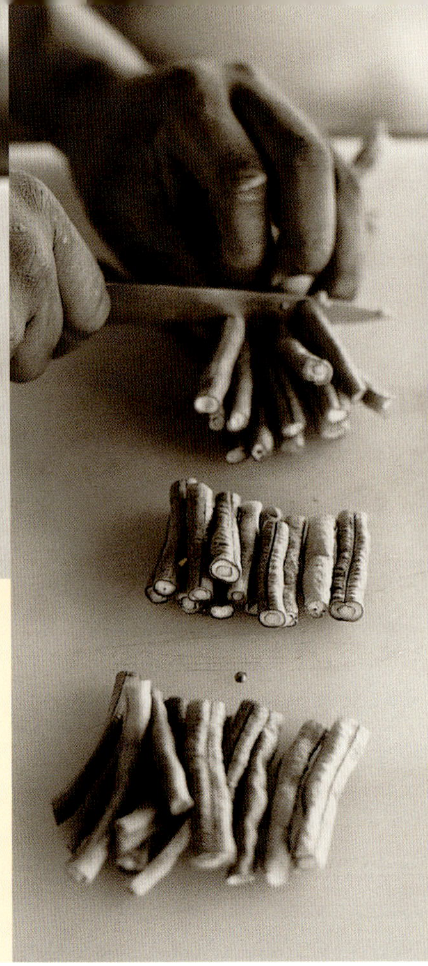

Auf Sri Lanka gibt es lange grüne Bohnen, die durchaus eine Länge von 40 Zentimetern erreichen können.
Die Bohnen gründlich unter fließendem Wasser waschen. Einige Bohnen parallel nebeneinander legen und gleichmäßig in etwa 5 Zentimeter lange Stücke schneiden. Kürzere Bohnen halbieren. Die Bohnen zusammen mit den Zwiebeln, dem Knoblauch und den restlichen Zutaten in einem Topf garen.

Grüne-Bohnen-Curry

Kola Eta Maluwa

TUT PITTA GUT
IST BEI VATA UND KAPHA EHER ZU MEIDEN
KNOBLAUCH SENKT EINEN ERHÖHTEN CHOLESTERINSPIEGEL.

Für 4–6 Personen

1 1/2 kg grüne Bohnen
2 rote Zwiebeln
2 Knoblauchzehen
1 Messerspitze geriebene Curryblätter
1 Messerspitze Kurkuma, gemahlen
1 EL Currymischung Nr. 3 (s. S. 38)
500 ml dünne Kokosmilch (s. S. 70)
Salz
200 ml dicke Kokosmilch (s. S. 70)

Zubereitungszeit: 80 Minuten

Die Bohnen waschen, putzen und je nach Länge halbieren oder dritteln.

Die Zwiebeln abziehen und fein würfeln. Den Knoblauch abziehen und fein hacken. Bohnen, Zwiebeln, Knoblauch, geriebene Curryblätter, Kurkuma, Curry und die dünne Kokosmilch in einen Topf geben und umrühren. Salz zufügen. Die Masse aufkochen lassen und bei geringer Hitze 15 bis 20 Minuten garen.

Nach 10 bis 15 Minuten die dicke Kokosmilch zugeben und erwärmen. Das Bohnencurry abschmecken und zusammen mit einem Reis nach Wahl servieren.

Gurken-Senf-Curry

Pipinnya Aba Maluwa

TUT VATA GUT
IST BEI PITTA UND KAPHA EHER ZU MEIDEN
SENFSAAT SPARSAM VERWENDEN, DA DESSEN ÄTHERISCHE ÖLE ZU HAUTUNREINHEITEN FÜHREN KÖNNEN.

Die Gurke waschen, schälen, ggf. die Kerne entfernen und in dickere Scheiben schneiden.

Den Knoblauch abziehen und fein hacken. Die Zwiebeln abziehen und in feine Ringe schneiden.

Gurke, Knoblauch, Zwiebeln, Senfsaat, Kurkuma, Curry, Salz und die dünne Kokosmilch in einen Topf geben, umrühren und alles zum Kochen bringen. Das Gurkencurry 10 bis 15 Minuten bei kleiner Hitze kochen lassen.

Die dicke Kokosmilch zugeben, aufkochen lassen, das Curry ggf. erneut abschmecken und nach Belieben mit frischen Kokosspalten dekorieren. Zusammen mit einem Reis nach Wahl servieren.

Für 4 Personen

1 kg Freilandgurke
2 Knoblauchzehen
3 rote Zwiebeln
2 TL Senfsaat
1 Messerspitze Kurkuma, gemahlen
1 EL Currymischung Nr. 3 (s. S. 38)
Salz
500 ml dünne Kokosmilch (s. S. 70)
200 ml dicke Kokosmilch (s. S. 70)

Zubereitungszeit: 35 Minuten

Scharfes Möhrencurry

Thunapaha Kerrot Maluwa

TUT VATA GUT
IST BEI PITTA UND KAPHA EHER ZU MEIDEN
DAS CHILI IM CURRYPULVER GIBT ANGENEHME SCHÄRFE.

Für 4 Personen

1 kg Möhren
2 Knoblauchzehen
2 rote Zwiebeln
4 cm Ingwer
2 EL Rosinen
4 getrocknete Curryblätter
2 EL Ghee
Salz und Pfeffer
1 1/2 EL Currymischung Nr. 2 (s. S. 38)

Zubereitungszeit: 55 Minuten

Die Möhren waschen, schälen und in Stifte schneiden. Den Knoblauch abziehen und fein hacken. Die Zwiebeln abziehen und in Würfel schneiden.

Den Ingwer schälen und in feine Stifte schneiden. Die Rosinen unter fließend kaltem Wasser gründlich abwaschen.

Das Ghee in einer hohen Pfanne erhitzen und Zwiebeln und Knoblauch darin glasig dünsten. Möhren, Ingwer, Curryblätter, Salz, Pfeffer, Curry und Rosinen in die Pfanne geben, umrühren und das Ganze 20 bis 30 Minuten garen. Zusammen mit einem Reis nach Belieben servieren.

Das Vesakh-Fest

Der Vollmondtag im Mai ist jedes Jahr ein ganz besonderer auf Sri Lanka, und genau an diesem Tag findet im ganzen Land das Vesakh-Fest statt. Es werden die Geburt, die Erleuchtung und der Tod Buddhas gefeiert. Zur Dämmerstunde gehen die Menschen, vom hellen Läuten der Tempelglocken angezogen, in weißer Kleidung in ihre Tempel, um Opfergaben zu bringen und den Gebetsgesängen der Mönche zuzuhören. Zu Beginn der Zeremonie werden die Gaben aller Anwesenden gesegnet und weitergereicht. Dabei singen alle laut: »Sadhu, Sadhu, Sadhu, Saaaah« – »Heilig, Heilig, Heilig«. Es ist ein fröhliches Fest; überall im Land hängen große und kleine Lampions an den Häusern, sehr farbenfroh und mit Bildern aus dem Leben Buddhas geschmückt. Lange, an den Lampen befestigte Seidenpapiertentakel bewegen sich wie Seeanemonen anmutig im Wind. In den Städten werden kleine Bühnen aufgestellt, und Schauspieler stellen das Leben Buddhas nach.

Mangoldcurry
Kola Maluwa

TUT VATA UND PITTA GUT
IST BEI KAPHA EHER ZU MEIDEN
DURCH DAS EINWEICHEN WERDEN
DIE GELBEN LINSEN BESSER
BEKÖMMLICH.

Für 4–6 Personen

3 EL gelbe Linsen
1 kg Mangold
2 Knoblauchzehen
2 rote Zwiebeln
1 TL Senfsaat
1 Messerspitze Kurkuma, gemahlen
1 EL Currymischung Nr. 3 (s. S. 38)
Salz
500 ml dünne Kokosmilch (s. S. 70)
200 ml dicke Kokosmilch (s. S. 70)
frischer Pfeffer aus der Mühle

Zubereitungszeit: 25 Minuten
Einweichzeit: 60 Minuten

Die Linsen über Nacht einweichen lassen. Die restliche Flüssigkeit abgießen.

Mangold waschen und putzen. Blätter und Stiele trennen und jeweils in Streifen schneiden. Knoblauch und Zwiebeln abziehen und fein hacken.

Linsen, Mangoldstiele, Knoblauch, Zwiebeln, Senfsaat, Kurkuma, Curry, Salz und die dünne Kokosmilch in einen Topf geben, umrühren und ca. 3 Minuten kochen lassen. Die Mangoldblätter zugeben und das Curry knapp 8 Minuten bei geringer Hitze kochen lassen.

Dicke Kokosmilch zugeben und erwärmen. Zum Schluss mit Pfeffer bestreuen und mit einem Reis nach Wahl servieren.

Tipp: Schmeckt sehr gut, wenn man zum Schluss frisch geriebene Kokosflocken darüber streut.

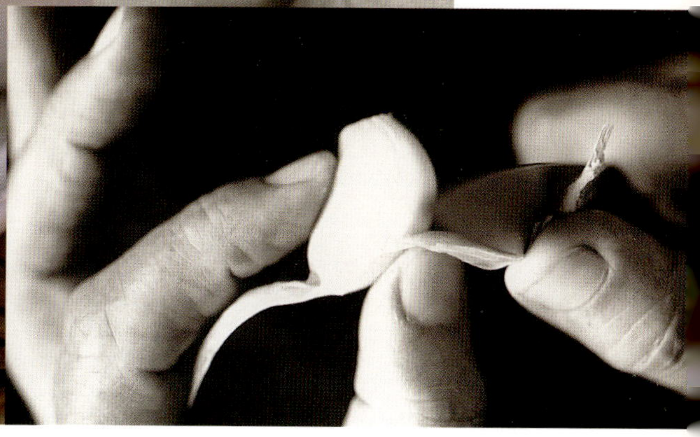

Junger Knoblauch ist bei uns überwiegend im Frühjahr erhältlich.

Feines Knoblauchcurry

Sudulunu Maluwa

TUT VATA UND KAPHA GUT
IST BEI PITTA EHER ZU MEIDEN
KNOBLAUCH REINIGT DEN KÖRPER.
DAS SCHARFE CURRYPULVER MACHT
IHN BEKÖMMLICHER.

Für 4 Personen

6–8 Knollen junger Knoblauch
2 rote Zwiebeln
1 EL Ghee
Salz und Pfeffer
Currymischung Nr. 2 (s. S. 38)
500 ml dünne Kokosmilch (s. S. 70)
200 ml dicke Kokosmilch (s. S. 70)

Zubereitungszeit: 55 Minuten

Die ganzen Zehen des jungen Knoblauchs herauspellen. Die Zwiebeln abziehen und in feine Scheiben schneiden.

Das Ghee in einer hohen Pfanne erhitzen und die Zwiebeln darin glasig dünsten. Den Knoblauch zufügen und bei geringer Hitze ebenfalls glasig dünsten. Nicht bräunen!

Das Ganze mit Salz, Pfeffer und Curry würzen. Die dünne Kokosmilch angießen, umrühren und das Knoblauchcurry gut 30 Minuten leicht kochen lassen (der Knoblauch muss sehr weich werden).

Die dicke Kokosmilch zufügen, umrühren und das Ganze etwa 5 Minuten einkochen lassen. Zusammen mit Reis servieren.

Gelbe Pimentos mit Sesam

Tala Malumiris

Wirkt ausgleichend auf alle Doshas
Im Ayurveda wird Sesam eine stärkende Wirkung nachgesagt.

Die Kartoffeln waschen, schälen, vierteln und in etwas Salzwasser in ca. 20 Minuten gar kochen.

Die Pfefferschoten waschen und seitlich längs aufschlitzen. Die Kerne und die weißen Trennwände entfernen. Die Möhre waschen, evtl. schälen und grob raspeln. Zwiebel und Knoblauch abziehen und in feine Würfel schneiden. Die Chilischote fein würfeln.

1 Esslöffel der Gheemenge in einem Topf erhitzen. Knoblauch, Zwiebeln, Chili und Möhre darin glasig dünsten. Die Curryblätter zerreiben und zusammen mit etwas Salz und Pfeffer in den Topf geben.

Wenn die Kartoffeln weich sind, diese zusammen mit der Kokosmilch zerstampfen. Es soll eine zähe Masse entstehen. Das Pürree in die Pfanne geben und alles gründlich vermischen. Die Masse von der Kochstelle nehmen.

Die Kartoffelmasse in die vorbereiteten Schoten füllen. Die Schoten im Mehl wenden, anschließend das Ei verschlagen und die Schoten darin wenden. Zum Schluss in Seamsamen oder Kokosraspeln wälzen.

Das Ghee erhitzen und die Pimentos darin vorsichtig von allen Seiten bei mittlerer Hitze in 10 bis 15 Minuten goldbraun anbraten.

Für 4 Personen

500 g Kartoffeln, Salz

12 kleine gelbe Pfefferschoten (im türkischen Geschäft; gerade gewachsene Exemplare verwenden)

1 große Möhre

1 rote Zwiebel

2 Knoblauchzehen

1 Chilischote

120 g Ghee (6 EL)

6 getrocknete Curryblätter

Pfeffer

100 ml dünne Kokosmilch (s. S. 70)

2 EL Mehl

1 Ei

Sesamsamen oder Kokosraspeln zum Wenden

Zubereitungszeit: 60 Minuten

Die Seidenraupen

Echte Seidenstoffe sind ein für Sri Lanka typisches und sehr wertvolles Produkt. Nördlich des kleinen Städtchens Galle auf Sri Lanka, in dem bescheidenen Ort Gintota, kann man eine Seidenfarm besichtigen. Anschaulich wird der Prozess der Seidengewinnung erklärt, und es gibt die Möglichkeit, den Raupen bei der »Arbeit« zuzusehen. Im Garten stehen Maulbeerbäume; die angeknabberten Blätter zeigen nur zu genau, was eine Seidenraupe am liebsten frisst. Hat das Insekt als Raupe genug gefressen, verpuppt es sich, und nun kommt der Mensch ins Spiel: Er sammelt die Kokons ein, brüht sie und spinnt, zumeist von drei Kokons gleichzeitig, den hauchfeinen Faden zu einem Garn. Man kann dicke und dünne Fäden spinnen, die dann zu Seidenstoff verwebt werden. Die gefärbte Seide besticht mit ihrer intensiven Leuchtkraft.

Porreecurry

Leeks Maluwa

TUT PITTA UND KAPHA GUT
IST BEI VATA EHER ZU MEIDEN
ROHER PORREE KANN BLÄHEN;
BESSER WEICH KOCHEN.

Für 4 Personen

1 kg Porree
2 Knoblauchzehen
2 rote Zwiebeln
1 EL Bockshornsaat
Salz und Pfeffer
etwas gekörnte Gemüsebrühe
200 ml dünne Kokosmilch (s. S. 70)

Zubereitungszeit: 40 Minuten

Den Porree waschen, putzen und in 4 Zentimeter lange Stücke schneiden.

Knoblauch abziehen und in dünne Scheiben schneiden. Die Zwiebeln abziehen und in feine Würfel schneiden.

Porree zusammen mit Knoblauch, Zwiebeln, Bockshornsaat, Salz und Pfeffer in einen Topf geben. Mit der Gemüsebrühe und der dünnen Kokosmilch ablöschen und das Porreecurry 20 bis 30 Minuten kochen, bis der Porree weich ist. Zusammen mit einem Reis nach Belieben servieren.

△ *Das Möhrencurry kann zu braunem oder Gheereis serviert werden.*

▷ *In den aus Palmenblättern geflochtenen Körben werden Gemüse und Obst vom Markt transportiert.*

Süßes Möhrencurry

Parirasa Kerrot Maluwa

WIRKT AUSGLEICHEND AUF ALLE DOSHAS
MÖHREN WIRKEN NEUTRAL UND BEEINFLUSSEN KEIN DOSHA ÜBERMÄßIG.

Für 4 Personen

1 kg Möhren
2 rote Zwiebeln oder 1 Gemüsezwiebel
1 EL Senfsaat
1/2 l dünne Kokosmilch (s. S. 70)
Salz und Pfeffer
1 EL Currymischung Nr. 3 (s. S. 38)

Zubereitungszeit: 40 Minuten

Die Möhren waschen, schälen und in etwas dickere Scheiben schneiden. Die Zwiebeln abziehen und in Ringe schneiden.

Möhren, Zwiebeln, Senfsaat, Kokosmilch, etwas Salz und Pfeffer und Curry in eine hohe Pfanne geben und das Möhrencurry ca. 20 Minuten leicht kochen lassen.

Das Curry zum Schluss nach Belieben erneut abschmecken und zusammen mit Reis servieren.

Tipp: Das Möhrencurry nach Belieben mit gehackter Petersilie oder mit gehacktem Koriander bestreuen.

fisch & fleisch

Die Kokospalme

Auf ganz Sri Lanka wachsen weithin sichtbar Palmen. Es gibt 14 verschiedene Arten, wobei die Kokospalme die einzig kultivierte und am meisten verbreitete ist. Sie ist schon fast ein Wunder der Natur – auf jeden Fall ist sie ein Geschenk. Kaum ein anderer Baum hat einen derartigen Nutzwert. Man kann nahezu alle Teile dieser Pflanze verwenden, und die Bewohner Sri Lankas nennen sie den »Baum des Lebens«.

Fast jedes Currygericht wird mit der Milch der Kokosnuss gekocht. Geriebenes Kokosfleisch, über das Curry gestreut, mildert die Schärfe. Aus dem weißen Kokosfleisch wird durch Trocknen und Vermahlen das Kokospulver hergestellt. Dies wird bei uns z. B. in Asialäden angeboten und bildet für die Rezepte in diesem Buch die Grundlage für die in der Ayurvedaküche sehr wertvolle Kokosmilch. Das Pulver wird mit einer bestimmten Menge Wasser zu einer dicken oder dünnen Kokosmilch angerührt.

dünne Kokosmilch: ein Teil Pulver zu fünf Teilen Wasser
dicke Kokosmilch: ein Teil Pulver zu einem Teil Wasser

△ Pro Blüte bildet die Kokospalme etwa 2 bis 3 Liter Palmwein, der durch starkes Einkochen zu Jaggery, dem Palmzucker, reduziert wird.
▷ Königspalmen sind an ihren leuchtend orangefarbenen Blattstielen zu erkennen. Ihre Kokosnüsse bilden sehr wenig Kokosfleisch, dafür aber mehr erfrischende Kokosmilch aus. Palmen mit grünlichen Blattstielen sind die Kokospalmen, aus deren Früchten das weiße Kokosfleisch gewonnen wird.

Das Fruchtfleisch der jungen Nuss wird für Süßigkeiten verwendet, aus der älteren Nuss schält man das Fleisch heraus, trocknet es in der Sonne und an der Luft zu Kopra. Daraus wird dann das Fett zum Kochen gewonnen. Dieses Kokosfett wird auch zur Herstellung von Kerzen und Seifen verwendet. Die Rückstände dienen als Viehfutter.

Die Toddy-Zapfer, Männer, die hoch oben zwischen den mächtigen Palmwedeln auf gespannten Seilen balancieren, nutzen die Palmblüte für ein spezielles alkoholisches Getränk – den Palmwein, auch Toddy genannt. Dazu wird die Blüte angeritzt, und der Saft tritt aus. Aufgefangen in Spezialgefäßen, wird er vergoren und schmeckt dann wie Federweißer. Destilliert ergibt der Palmwein einen Brandy, den Arrak.

Die Palmblätter werden zu Matten geflochten, die beim Hausbau und für Dächer Verwendung finden. Die Kokosfasern, die struppige Hülle, werden sowohl zu Seilen, Körben und Fußmatten verarbeitet als auch für das Füllen von Matratzen verwendet. Aus der harten Schale der Nuss wird Besteck und Geschirr hergestellt, aus den Stämmen wird Bauholz und Holz für die Möbelfertigung. Falls noch etwas übrig bleibt, dient es als Brennholz für den Herd mit offenem Feuer in der Küche.

◁◁ Die Schalen der Kokosnüsse werden als Brennmaterial verwendet.
◁ Beim Arrak ist es wie beim Whisky: je älter, desto besser und milder der Geschmack.
△ Aus den Palmwedeln der Bäume werden feste, stabile Körbe geflochten.

Fisch im schwarzen Rettichmantel

Malu Samaga Kalu Rabu

TUT PITTA UND KAPHA GUT
IST BEI VATA EHER ZU MEIDEN
THYMIAN ENTHÄLT VIELE ÄTHERISCHE ÖLE, SCHMECKT SEHR INTENSIV UND IST SPARSAM ZU VERWENDEN.

Für 4 Personen

12 Frühlingszwiebeln
3 EL weiches Ghee
3 EL brauner Zucker
2 Lorbeerblätter
2 Thymianzweige
Salz und Pfeffer
250 ml Fischfond
750 g weißes Fischfilet (z. B. Seelachs oder Heilbutt)
1 Rettich
3 EL Kartoffelstärke

Zubereitungszeit: 60 Minuten

Die Frühlingszwiebeln waschen und putzen. Das Weiße halbieren oder vierteln. Den grünen Teil ganz lassen.

1 Esslöffel Ghee erhitzen und den Zucker bei kleiner Hitze leicht karamellisieren lassen. Frühlingszwiebeln und Lorbeerblätter dazugeben. Die Thymianzweige waschen und trockenschütteln. Die Blättchen abzupfen und ebenfalls dazugeben. Alles salzen und pfeffern.

Das Ganze mit Fischfond auffüllen und unter gelegentlichem Rühren ca. 10 bis 15 Minuten leicht reduzieren lassen.

In der Zwischenzeit das Fischfilet waschen, trockentupfen und in vier Portionen teilen. Jede Portion mit 2 Esslöffeln weichem Ghee bepinseln und salzen und pfeffern.

Den Rettich gründlich waschen, putzen, in dünne Scheiben schneiden und mit der Kartoffelstärke bestäuben. Die Rettichscheiben schuppenartig auf jedes Fischfilet legen.

Das restliche Ghee in eine Pfanne geben. Den Fisch zunächst auf der Rettichseite 3 bis 5 Minuten anbraten und den Fisch vorsichtig wenden. Die Temperatur reduzieren und weitere 3 Minuten braten.

Zwiebeljus auf vier Teller verteilen. Je ein Fischfilet darauf setzen und mit braunem Reis mit Gurkenstückchen servieren.

Hochzeit und Horoskop

Bevor auf Sri Lanka geheiratet wird, muss auf jeden Fall ein Astrologe um Rat gefragt werden. Es ist nicht nur wichtig, möglichst der gleichen Kaste anzugehören, auch die Horoskope des Paares sollten zusammenpassen. Da kann es dann schon mal sein, dass der Astrologe zum Ehevermittler wird. Die Hüter des Horoskops sind auf Sri Lanka viel beschäftigte Personen, selbst die Namensgebung bei der Geburt beruht auf ihrem Rat.
Nach der ersten gemeinsamen Nacht zeigt sich die junge Braut der Festgesellschaft traditionell in einem roten Sari. Anschließend zieht die Frau in das Haus der Familie ihres Gatten. Erwartet sie ein Baby, geht sie zur Niederkunft zu ihrer Familie zurück.

Red Snapper mit Papayasambal

Pepol Malu

TUT VATA GUT
IST BEI PITTA UND KAPHA EHER ZU MEIDEN
IM AYURVEDA WIRD AUSSCHLIEßLICH FISCH MIT WEIßEM FLEISCH GEGESSEN.

Den Fisch waschen, putzen, trockentupfen und in vier Portionen teilen. Die Hautseite 3- bis 4-mal einschneiden.

Für die Marinade die Chilischote waschen und grob zerkleinern. Den Koriander waschen und trockenschütteln. Alle Zutaten für die Marinade im Mörser zu einer Paste stoßen und den Fisch darin etwa 60 Minuten marinieren.

Für den Dip die Papaya halbieren, die Kerne entfernen, das Fruchtfleisch mit einem Löffel herausschaben und würfeln. Die Orange schälen und Filets herauslösen. Den Saft dabei auffangen. Die Chilischoten waschen, die Kerne entfernen und die Schote in feine Ringe schneiden. Alle Zutaten für den Dip in eine Schüssel geben und miteinander vermischen. Nach Belieben mit Salz und Pfeffer abschmecken.

Den Fisch salzen und pfeffern. Das Ghee erhitzen und den Fisch darin ca. 3 Minuten von jeder Seite anbraten. Mit der Hautseite beginnen. Das Papayasambal zusammen mit dem Fisch servieren.

Tipp: Dazu passen sehr gut Reis, selbst gemachte Bananen- oder Süßkartoffelchips.

Für 4 Personen

750 g Red-Snapper-Filet
Salz und Pfeffer, 2 EL Ghee

Marinade:

1 rote Chilischote
4 Stängel Koriander
2 TL Kumin
2 Knoblauchzehen
4 cm Ingwer
2 TL Currymischung Nr. 2 (s. S. 38)
1 EL flüssiges Ghee
Saft von 1 Limone

Für das Sambal:

1 kleine Papaya, 1 Orange
2 rote Chilischoten
Saft von 1/2 Limone
1 TL Honig
Pfeffer und Salz

Zubereitungszeit: 40 Minuten
Marinierzeit: 60 Minuten

Die Papaya

In den ländlichen Gebieten von Sri Lanka besitzt fast jeder einen eigenen Papayabaum – und er kann sich glücklich schätzen, denn es ist eine sehr ertragreiche und wertvolle Pflanze. An einem Baum hängen unter der schirmartigen Krone die Papayafrüchte in allen Reifestadien. Große reife und gelbgrüne Früchte hängen dicht neben noch ganz kleinen unreifen Früchten. Geerntet wird das ganze Jahr über. Im Ayurveda wird die Papaya sehr geschätzt, sie ist süß, regt die Verdauung an, verbrennt Fett, stärkt das Immunsystem, wirkt entgiftend und tut Magen und Leber gut. Papayas wirken zudem ausgleichend auf alle Doshas. Zerdrückt ergeben reife Papayas eine erfrischende Gesichtsmaske.

Fischmasala

Masala Malu

TUT VATA GUT
IST BEI PITTA UND KAPHA EHER ZU MEIDEN
DIE KOMBINATION AUS TAMARINDENSAFT, PFEFFER UND KOKOSMILCH WIRKT REINIGEND UND ENTZIEHT GIFTSTOFFE.

Für 4 Personen

500 g weißer Fisch (z. B. Steinbeißer oder Viktoriabarsch)
Salz, 1 große rote Zwiebel
1 Knoblauchzehe
3 cm Ingwer
2 EL Ghee
1 geh. EL Garam Masala
1 TL getrocknete Curryblätter
Pfeffer
250 ml dicke Kokosmilch (s. S. 70)
50 ml Tamarindensaft (ersatzweise 1 TL Tamarindenpaste)

Zubereitungszeit: 30 Minuten

Den Fisch waschen, putzen, trockentupfen und leicht salzen. In 2 Zentimeter große Stücke schneiden.

Die Zwiebel abziehen und in feine Scheiben schneiden. Den Knoblauch abziehen und grob zerkleinern. Den Ingwer schälen und fein raspeln. Einige Raspel zur Seite legen.

Das Ghee in einer Pfanne erhitzen. Zwiebel und Knoblauch darin glasig dünsten. Garam Masala darüber streuen und umrühren. Den Ingwer zugeben und langsam anbraten lassen. Die Curryblätter zerkrümeln, ebenfalls zugeben und umrühren. Mit Salz und Pfeffer würzen.

Die Fischstückchen in die Pfanne geben und vorsichtig umrühren. Mit Kokosmilch und Tamarindensaft aufgießen (Tamarindenpaste mit etwas Wasser verrühren). Alles umrühren und erhitzen. Die Hitze reduzieren und alles in 6 bis 8 Minuten gar ziehen lassen. Die zurückbehaltenen Ingwerraspel darüber streuen und den Fisch servieren.

Heimischer Merlet ist ein weißfleischiger Fisch, der an der Küste Sri Lankas gefangen wird.
Frischer Ingwer ist sehr aromatisch und ein Standardgewürz in der asiatischen Küche.

Curryfisch

Maluwa Malu

WIRKT AUSGLEICHEND AUF ALLE DOSHAS
IM AYURVEDISCHEN SINNE WIRKT ROT-FLEISCHIGER FISCH ZU SAUER FÜR DEN KÖRPER. DAHER WEISSEN VERWENDEN.

Den Fisch waschen, putzen, trockentupfen und in vier Portionen teilen.

Den Knoblauch abziehen und sehr fein hacken. Die Zwiebeln abziehen und in sehr feine Ringe schneiden. Den Ingwer schälen und in feine Würfel hacken.

Knoblauch, Zwiebeln und Ingwer zusammen in eine Schüssel geben und Kurkuma, Currypulver und Limonensaft zugeben. Alle Zutaten zu einer Paste verrühren.

Die Fischstücke darin wälzen und in der Schüssel zugedeckt zwei Stunden marinieren lassen. Den Fisch dabei kühl stellen.

Das Ghee in einer Pfanne erhitzen. Den Fisch mit Salz würzen und im heißen Ghee von beiden Seiten ca. 3 Minuten braten.

Für 4 Personen

500 g weißer Fisch
(z. B. Seeteufel oder Seelachs)

2 Knoblauchzehen

2 rote Zwiebeln

3 cm Ingwer

1 Messerspitze Kurkuma

1 geh. EL Currymischung Nr. 1 (s. S. 36)

Saft von 1 Limone

2 EL Ghee

Salz

Zubereitungszeit: 20 Minuten
Marinierzeit: 2 Stunden

Seeteufel mit Süßkartoffelauflauf

Tel Malu Samaga Battala

TUT BEI KAPHA GUT
IST BEI VATA UND PITTA EHER ZU MEIDEN
OHNE DIE SCHARFE CHILISCHOTE TUT DIESES GERICHT AUCH VATA UND PITTA GUT.

Die Kartoffeln waschen, schälen und in 1,5 Zentimeter große Würfel schneiden. Das Sesamöl darüber gießen. Die Chilischote waschen, fein hacken und dazugeben. Die Ingwerknolle schälen, in Scheiben schneiden und dazugeben. Die Kartoffeln salzen und alles 30 Minuten marinieren lassen.

Den Backofen auf 180 °C vorheizen. Die Kartoffeln nach dem Marinieren in einen ausreichend großen Bräter geben und mit kochendem Wasser übergießen, so dass die Kartoffeln gerade bedeckt sind. In den vorgeheizten Backofen (Umluft 160 °C, Gas Stufe 2–3) geben und 45 Minuten garen lassen.

Den Fisch waschen und trockentupfen. Curry und Mehl miteinander vermischen. Den Fisch salzen und gleichmäßig in der Curry-Mehl-Mischung wälzen. Das Ghee in einer Pfanne erhitzen und den Fisch 3 bis 5 Minuten von beiden Seiten anbraten.

Die Süßkartoffeln aus dem Ofen nehmen. Die Kartoffeln mit der Flüssigkeit auf einen tiefen Teller geben, jeweils zwei Fischkoteletts darauf setzen und servieren.

Für 4 Personen

4 große Süßkartoffeln
2 EL Sesamöl
1 rote Chilischote
1 Ingwerknolle
Meersalz
8 Seeteufelkoteletts
3 EL Currymischung Nr. 2 (s. S. 38)
1 geh. EL Mehl
3 EL Ghee

Zubereitungszeit: 25 Minuten
Marinierzeit: 30 Minuten
Backzeit: 45 Minuten

Stelzenfischer

Geht man von Galle aus auf der Küstenstraße in südliche Richtung, sieht man kurz hinter Unawatuna bis fast nach Weligama zahlreiche Stelzenfischer, auch Brandungsangler genannt. Die Männer sitzen auf Pfählen, die in den sandigen Meeresgrund gestoßen wurden, und halten von oben ihre Angel ins Wasser. An den Angelhaken hängen Scampi als Köder. Oft dauert es viele Stunden, bis der Fang zufrieden stellend ist. Dann allerdings kann man sich z. B. über einen Merlet freuen. Das Ufer fällt hier steil ab; das Wasser erreicht eine beachtliche Tiefe, so dass hin und wieder auch größere Fische geangelt werden. Trotzdem ist es mühsam für die Fischer, auf den Stelzen zu sitzen und dabei Wind und Wetter ausgesetzt zu sein.

Kokos-Fisch-Curry

Kiri Malu

TUT VATA GUT
IST BEI PITTA UND KAPHA EHER ZU MEIDEN
DIE POSITIVE WIRKUNG DES INGWERS SCHEINT UNERSCHÖPFLICH.

Für 4 Personen

2 rote Zwiebeln
1 Knoblauchzehe
1 1/2 EL Ghee
1 geh. EL Currymischung Nr. 2 oder 3 (s. S. 38)
500 ml dünne Kokosmilch (s. S. 70)
Saft von 1 Limone
Salz
500 g weißer Fisch (z. B. Waller oder Seeaal)
3 cm Ingwer

Zubereitungszeit: 35 Minuten

Die Zwiebeln abziehen und in feine Würfel schneiden. Den Knoblauch abziehen und fein hacken. Das Ghee in einer hohen Pfanne erhitzen. Zwiebeln und Knoblauch in die Pfanne geben. Curry zugeben und kurz mitrösten lassen.

Mit der Kokosmilch ablöschen und den Limonensaft zugeben. Umrühren und das Curry mit Salz abschmecken.

Den Fisch waschen, putzen, trockentupfen und in 2 Zentimeter große Würfel schneiden. Zur Kokosmilch geben, vorsichtig umrühren und etwa 10 Minuten bei kleiner Hitze garziehen lassen.

Den Ingwer schälen und in sehr kleine Würfel schneiden. Kurz vor Ende der Garzeit dazugeben.

Fischcurry mit Senfsaat

Amba Malu

TUT PITTA UND KAPHA GUT
IST BEI VATA EHER ZU MEIDEN
WER UNTER MANGELNDEM APPETIT LEIDET, SOLLTE KORIANDER ESSEN.

Die Zwiebel abziehen und in feine Streifen schneiden. Den Knoblauch abziehen und fein hacken. Den Ingwer schälen und in feine Stifte schneiden.

Das Ghee in einer hohen Pfanne erhitzen. Zwiebeln, Knoblauch, Ingwer und Senfsaat zusammen mit den Curryblättern in die Pfanne geben. Alles etwas anbraten lassen.

Den Fisch waschen, putzen, trockentupfen und in 2 Zentimeter große Würfel schneiden. Die Fischwürfel in die Pfanne geben und vorsichtig umrühren. Mit Salz und Pfeffer würzen.

Das Fischcurry mit der dünnen Kokosmilch ablöschen, umrühren und einige Minuten leicht kochen lassen. Dann die dicke Kokosmilch zugeben.

Den Koriander waschen, trockenschütteln, die Blättchen abzupfen und hacken. Kurz vor dem Servieren über das Fischcurry streuen.

Für 4 Personen

1 rote Zwiebel
1 Knoblauchzehe
2 cm Ingwer
2 EL Ghee
2 EL dunkle Senfsaat
1 EL getrocknete Curryblätter
500 g weißer Fisch (z. B. Rotbarsch oder Butterfisch)
Salz und Pfeffer
400 ml dünne Kokosmilch (s. S. 70)
200 ml dicke Kokosmilch (s. S. 70)
1 Bund Koriander
Saft von 1/2 Limette

Zubereitungszeit: 30 Minuten

Die Flossen des frischen Fisches mit einer Schere abschneiden.

Den Fisch mit einem scharfen Messer am Kopf und in der Mitte zur Schwanzflosse hin einschneiden. Den Fisch am Rücken entlang ebenfalls einschneiden. Dann das Filet an den Gräten entlang mit einem Messer ablösen. Zuletzt die Haut entfernen.

Mariniertes Hühnchen

Kukul Mas Hodi

TUT VATA UND KAPHA GUT
IST BEI PITTA EHER ZU MEIDEN
DURCH DIE SCHÄRFE DES GERICHTS WERDEN APPETIT UND VERDAUUNG ANGEREGT.

Für 4 Personen

400 g gelbe milde Peperoni
2 rote Chilischoten
3 rote Zwiebeln
1 Bund Petersilie
1 Knoblauchzehe
3 cm Ingwer
1 EL geriebene Curryblätter
3 EL Mangochutney (s. S. 92)
4 halbe Hühnerbrüste
2 EL Ghee
Salz und Pfeffer
200 ml dünne Kokosmilch (s. S. 70)

Zubereitungszeit: 45 Minuten
Marinierzeit: 60 Minuten

Die Peperoni waschen, putzen, die Kerne und weißen Trennwände entfernen und die Peperoni in Streifen schneiden. Die Chilischoten fein hacken. Die Zwiebeln abziehen und in Streifen schneiden.

Die Petersilie waschen, trockenschütteln und fein hacken. Die Knoblauchzehe abziehen und pressen. Den Ingwer schälen und reiben.

Peperoni, Chili, Zwiebeln, Petersilie, Knoblauch, Ingwer und Curryblätter in eine Schüssel geben. Das Mangochutney zufügen und alles miteinander vermischen. Die Hühnerbrüste darin 60 Minuten marinieren.

Das Ghee in einer Pfanne erhitzen. Das marinierte Hühnchen salzen und pfeffern und im heißen Ghee von einer Seite ca. 2 Minuten scharf anbraten. Wenden und das Peperonigemüse darauf verteilen.

Den Deckel schließen, die Hitze reduzieren und das Hühnchen bei kleiner Hitze 15 bis 20 Minuten darin schmoren lassen. Gegen Ende der Garzeit die Kokosmilch zufügen und erwärmen. Nach Belieben abschmecken und zu den Roti von S. 92 servieren.

Edelsteine

Im Ayurveda und auf Sri Lanka spielen Edelsteine eine bedeutende Rolle. Die Stadt der Edelsteine, Ratnapura, liegt am Fuß des Hochlandes, etwa 100 Kilometer von Colombo entfernt. Die Steine werden seit alters her auf die gleiche Weise gewonnen. Mit kleinen Hütten werden die Minen in den Feldern überdacht. Meist wird von Hand geschürft, fast alle Minen haben jedoch elektrische Pumpen zur Entwässerung der Gruben. Das Edelsteingeschäft liegt überwiegend in moslemischer Hand. Die gefundenen Steine werden oftmals gleich vor Ort verarbeitet. Es gibt zwei Edelsteinmuseen, die einen informativen Überblick geben. Gefunden wird in erster Linie Mondstein, Zimtstein, Saphir, Rubin, Spinell, Topaz, Aquamarin, Zirkon und Quarz. Im Ayurveda wirkt der Mondstein vor allem auf den Geist, er hilft bei Unruhe. Rubin stärkt Herz und Kreislauf. Topas lässt die Energien im Körper fließen.

Pfeffer schmeckt viel aromatischer, wenn man ihn erst kurz vor dem Würzen frisch mahlt. Zusammen mit der aromatischen Ananas schmeckt des Hühnchen in Currysauce unwiderstehlich gut.

Ananashühnchen in Currysauce

Annasi Kukul Mas Maluwa

TUT PITTA UND KAPHA GUT
IST BEI VATA EHER ZU MEIDEN
NELKEN UND KARDAMOM REGEN
DIE VERDAUUNG AN.

Für 4 Personen

2 rote Zwiebeln
1 Knoblauchzehe
3 cm Ingwer
700 g Hühnchen- oder Putenbrüste
2 Gewürznelken
4 Kardamomkapseln (ganz)
2 EL Currymischung Nr. 2 (s. S. 38)
1 Messerspitze Chilipulver (grob)
Salz und frisch gemahlener Pfeffer
1 EL Senfsaat
1/2 frische Ananas
2 EL Ghee
1/2 l dünne Kokosmilch (s. S. 70)

Zubereitungszeit: 25 Minuten
Marinierzeit: 15 Minuten

Die Zwiebeln abziehen und fein würfeln. Den Knoblauch abziehen und fein hacken. Ingwer schälen und in feine Würfel hacken.

Das Hühnchenfleisch in Würfel schneiden. Die Fleischwürfel mit Zwiebeln, Knoblauch, Ingwer, Nelken, Kardamom, Curry, Chilipulver, Salz, Pfeffer und Senfsaat miteinander vermischen. Das Fleisch ca. 15 Minuten darin marinieren lassen.

Die Ananas schälen, den harten Strunk entfernen und das Fruchtfleisch in nicht zu kleine Würfel schneiden.

Das Ghee erhitzen, die marinierten Hühnchenwürfel und die Ananas zugeben und alles unter Rühren 3 bis 5 Minuten anbraten.

Mit der dünnen Kokosmilch ablöschen und das Ganze unter Rühren heiß werden lassen. Evtl. mit Salz und Pfeffer abschmecken.

Zimthuhn mit Birnen-Dattel-Marmelade

Kukul Mas Kurundu

TUT VATA UND KAPHA GUT
IST BEI PITTA EHER ZU MEIDEN
CHUTNEYS SIND WÄHREND EINER PANCHAKARMAKUR EHER UNGEEIGNET, DA SIE ZU SAUER SIND.

2 Esslöffel Ghee schmelzen lassen. Aus Zimt, Erdnussbutter, Curry und flüssigem Ghee eine Marinade rühren. Das Hühnchenfleisch darin etwa 2 Stunden marinieren lassen.

Die Birnen waschen, schälen, vom Kerngehäuse befreien und grob würfeln. Datteln in große Würfel schneiden. Birnen und Datteln mit Zucker und Essig mischen und 60 Minuten ziehen lassen.

Die Zwiebeln abziehen und in dünne Streifen schneiden. Die Möhren waschen, putzen und grob raspeln. Das Ghee erhitzen. Koriander- und Fenchelsamen darin leicht rösten. Die Zwiebeln zugeben und glasig dünsten. Die Möhrenraspel in die Pfanne geben und ca. 5 Minuten unter ständigem Rühren anbraten.

Die Birnenmischung, Meersalz, Kumin und Chilipulver zugeben und unter gelegentlichem Rühren 45 Minuten leicht kochen lassen.

Kurz bevor das Chutney fertig ist, 2 Esslöffel Ghee erhitzen und die Hühnerbrüste 3 bis 5 Minuten von jeder Seite scharf anbraten.

Vom Chutney vier Portionen abfüllen. Den Rest heiß in Gläser füllen, verschließen und für den Vorrat beiseite stellen.

Die gebratene Hühnerbrust auf Teller geben und zusammen mit dem Chutney servieren. Dazu passt Gheereis.

Für 4 Personen

Marinade:

4 EL Ghee
1 TL Zimt, gemahlen
1 TL Erdnussbutter
1/2 TL Currymischung Nr. 1 (s. S. 38)
4 halbe Hühnerbrüste

Marmelade (für 2000 g):

1 kg reife Birnen
300 g Datteln ohne Kern (frisch oder getrocknet)
500 g brauner Zucker
300 ml Apfelessig
400 g rote Zwiebeln
300 g Möhren
3 EL Ghee
2 TL Koriandersamen
2 TL Fenchelsamen
1 TL Meersalz
2 TL Kuminpulver
1 TL Chilipulver

Zubereitungszeit: 65 Minuten
Marinierzeit: 2 Stunden

Sesamhuhn mit Lauchnudeln

Tala Kukul Mas

FÜR ALLE DOSHAS GEEIGNET
DAS GERICHT IST SEHR REICHHALTIG; DAHER NUR KLEINE PORTIONEN ESSEN.

Den Porree waschen und putzen. In 12 Zentimeter lange Stücke, diese in dünne Streifen schneiden (wie Bandnudeln). In Salzwasser kurze Zeit blanchieren. Abschrecken und beiseite stellen.

Die Äpfel waschen, schälen und vom Kerngehäuse befreien. In Spalten schneiden.

Die Hühnerbrüste mit 2 Esslöffel Ghee bepinseln. Salzen und pfeffern. Paniermehl und Sesamsamen mischen und die Hühnerbrüste darin wälzen.

2 Esslöffel Sesamöl erhitzen und die Hühnerbrüste vorsichtig darin 8 bis 10 Minuten von jeder Seite knusprig braten.

Währenddessen das restliche Ghee in einem Topf erhitzen. Die Äpfel darin bräunen. Die Kokosmilch zufügen und umrühren. Die Porreestreifen zugeben, mit Salz und Pfeffer abschmecken.

Die Äpfel mit dem Porree auf Tellern anrichten. Die Hühnerbrüstchen darauf setzen und servieren.

Für 4 Personen

2 große Stangen Porree
Salz
2 süße Äpfel
4 halbe Hühnerbrüste
3 EL weiches Ghee
Pfeffer
2 EL Paniermehl
3 EL Sesamsamen
2 EL Sesamöl
200 ml dicke Kokosmilch (s. S. 70)

Zubereitungszeit: 45 Minuten

Der Koggalasee

Der Koggalasee liegt östlich von Unawatuna, landeinwärts, bei dem ehemaligen Fischerdorf Koggala. Auf einer holperigen Straße gelangt man zu dem malerischen See mit seinen kleinen, zum Teil bewohnten Inseln. In dem Brackwasser, einem Gemisch von Süß- und Salzwasser, tummeln sich die Fische und Reiher und ruhen sich in den Mangroven aus. Mit Glück kann man einem Waran beim Baden zusehen. Der See, der im Zweiten Weltkrieg den Briten als Landefläche für Wasserflugzeuge diente, zeigt sich bei Sonnenaufgang besonders eindrucksvoll: Hunderte von Vögeln, die am Ufer und auf den Inseln die Nacht verbracht haben, schwingen sich in die Lüfte. Besondere Aufmerksamkeit verdient ein liebevoll angelegter Kräutergarten am Ufer des Koggalasees. Sein Besitzer hat rund um sein Haus eine Vielzahl von Heilkräutern und Gewürzen angepflanzt. Gerne führt er den Besucher herum. Wussten Sie z. B, dass grüner, schwarzer und weißer Pfeffer von dem gleichen Baum stammen? Es handelt sich lediglich um unterschiedliche Reifegrade.

chutneys
& mehr

Heilkräuter und Gewürze

Im Ayurveda spielen Gewürze als Heilmittel eine zentrale Rolle. Sie unterstützen die Ausbalancierung der Doshas. Aus ayurvedischer Sicht zerfließen die Grenzen zwischen Heil- und Nahrungsmitteln. Alles, was wir essen und zu uns nehmen, soll auch gut tun. Mit den verwendeten Gewürzen kann z. B. eine stark kühlende Wirkung bestimmter Zutaten ausgeglichen werden.

Aloe vera wird innerlich und äußerlich angewendet. Der Pflanzensaft, eingenommen, gilt als wirksames Abführmittel. Aufgrund ihrer keimtötenden und hautpflegenden Wirkung werden Aloepräparate häufig in der Kosmetik eingesetzt. Aloe vera wirkt ausgleichend auf alle Doshas.

Bockshornklee hilft bei geschwächten Nerven, ist gut fürs Herz und für die Gefäße. Vata⇩ Pitta⇧ Kapha⇩

Chili (rote), Paprika (rote) Die Schärfe regt die Verdauung und den Appetit an, wirkt keimtötend und generell heilungsfördernd, ist gut für den Kreislauf. Vata⇧ Pitta⇧ Kapha⇩

Curryblätter regen den Appetit und die Verdauung an, senken den Cholesterinspiegel, senken Fieber. Vata⇧ Pitta⇩ Kapha⇩

Fenchelsaat stärkt Augen, Herz und Gehirn, beruhigt den Darm, tut gut bei Blähungen. Vata⇩ Pitta⇩

Gewürznelken stimulieren die Magensaftproduktion, wirken desinfizierend, stillen den Schmerz. Vata⇩ Pitta⇧ Kapha⇩

Honig reinigt das Blut, hilft Fett abzubauen, spült die Nieren. Ist gut für alle Doshas.

Ingwer wirkt gegen Reisekrankheit, Husten und Halsschmerzen, regt die Verdauung an, regt »Agni« an, hilft bei Schwindel und depressiver Verstimmung. Vata⇩ Kapha⇩

Kardamom tut gut bei Blähungen und Sodbrennen, stärkt Herz und Lunge, regt die Verdauung an. Vata⇩ Pitta⇧ Kapha⇩

Knoblauch tötet Bakterien, wirkt gefäßerweiternd, senkt das Cholesterin, regt die Leber an. Vata⇩ Pitta⇧ Kapha⇩

Koriander/-saat tut gut bei Gallenblasenproblemen, Allergien, rheumatischen Erkrankungen. Pitta⇩

Kürbis kühlt bei innerer Hitze. Pitta⇩ Vata⇩

Kumin reinigt das Blut, lässt die Gerichte leichter verdaulich sein. Vata⇩ Pitta⇧ Kapha⇩

Kurkuma hilft der Galle, reinigt das Blut, wirkt positiv bei Asthma. Vata⇧ Pitta⇩ Kapha⇩

Limonensaft liefert sehr viel Vitamin C. Vata⇩ Pitta⇧ Kapha⇧

Muskatnuss regt den Appetit an, wirkt krampflösend und schmerzstillend, unterstützt den Stoffwechsel, senkt Fieber, hilft bei Schlafstörungen. Vata⇩ Pitta⇧ Kapha⇩

Papaya fördert alle Heilungsprozesse und wirkt entgiftend, entschlackend und beseitigt Verstopfung. Vata⇩ Kapha⇩

Pfeffer (schwarz) regt die Verbrennung an. Vata⇩ Pitta⇧ Kapha⇩

Rosmarin fördert allgemein die Wundheilung, belebt den Geist, stärkt Herz, Leber und Gallenblase. Vata⇩ Pitta⇧ Kapha⇩

Senfpulver/-saat fördert die Durchblutung, wirkt schmerzstillend und entzündungshemmend, nicht zu empfehlen bei Hautproblemen. Vata⇩ Pitta⇧ Kapha⇩

Sesamöl/-saat stärkt die Widerstandskraft des Körpers, wirkt ausgleichend, kühlend, tut gut als Kräuterölbehandlung. Vata⇩ Pitta⇧ Kapha⇧

Tamarinde reinigt den Körper und entzieht Giftstoffe, zieht zusammen, stärkt das Herz, reinigt die Blase. Gleicht alle Doshas aus.

Zimt wirkt schweiß- und harntreibend, senkt den Blutzuckerspiegel, stärkt die Nerven und erfrischt und wärmt, strafft das Gewebe. Vata⇩ Pitta⇧ Kapha⇩

▽ Jedes Blatt des Papayabaumes trägt eine Blüte, aus denen jeweils eine Frucht heranreift. Die Früchte sind sehr gesund und enthalten große Mengen an Beta-Karotin. Geerntet wird das ganze Jahr über.

◁ Von oben: Kardamom, hier blühend, und Chilischoten fördern die Verdauung. Aloe vera ist bekannt durch ihre hautpflegenden Eigenschaften.
▽ Curryblätter regen den Appetit an und geben dem Gericht eine gute Würze. Kurkumapulver ist etwas bitter und schmeckt leicht scharf.

Mangochutney mit Roti

Amba Chutney Daha Roti

TUT VATA UND KAPHA GUT
IST BEI PITTA EHER ZU MEIDEN
CHUTNEYS SIND SAUER UND DAHER
WÄHREND EINER AYURVEDAKUR
EHER SELTEN ZU VERZEIHEN.

Für 4 Personen

Für das Chutney:
1 große Mango
3 Knoblauchzehen
3 cm Ingwer
100 g brauner Zucker
200 ml Obstessig

Für die Roti (ca. 20 Stück):
100 g feine Kokosraspeln
100 g Vollkornmehl
Salz
3 EL Ghee zum Ausbacken

Zubereitungszeit: 70 Minuten

Die Mango halbieren, das Fruchtfleisch vom Kern lösen und in 1 Zentimeter große Würfel schneiden.

Den Knoblauch abziehen und fein hacken. Den Ingwer schälen und fein reiben. Zucker, Mango, Knoblauch und Ingwer in einen Topf geben, unter Rühren erwärmen und den Zucker bei kleiner Hitze schmelzen lassen. Mit dem Essig ablöschen. Das Chutney bei kleiner Flamme unter ständigem Rühren 10 bis 20 Minuten einkochen lassen.

Das Chutney heiß in ein Glas füllen und verschließen.

Kokosraspeln fein wiegen. Mehl, Kokosraspeln und Salz vermischen. Etwa 200 Milliliter Wasser zugeben, so dass ein formbarer Teig entsteht (ähnlich wie Gnocchiteig).

Das Ghee in einer Pfanne langsam erhitzen. Von dem Teig walnussgroße Kugeln formen und zu dicken Talern drücken. In der Pfanne goldbraun ausbacken. Die Roti heiß mit dem Mangochutney servieren.

Tipp: Zu den Roti passt auch ein Gemüse- oder Fischcurry.

Buddhastatuen

An verschiedenen Orten Sri Lankas befinden sich innerhalb der Tempelanlagen monumentale Buddhastatuen. Fährt man beispielsweise an der Universitätsstadt Matara vorbei, weiter in östliche Richtung, gelangt man an den südlichsten Punkt der Insel, Dondra Head. Weithin sichtbar steht dort zwischen den Palmen der höchste dieser Monumentalbuddhas. Er befindet sich in der Tempelanlage von Wewurukanala, wurde 1970 gebaut und ist stolze 50 Meter hoch. Lässt man die Augen über das Meer gen Süden wandern, hat man das Gefühl, auf das Ende der Welt zu blicken. In dieser Richtung liegt die eisige Antarktis.

Chapati mit Kokoschutney

Pol Chutney Chapati

TUT PITTA GUT
IST BEI VATA UND KAPHA EHER ZU MEIDEN
DIE CHAPATI SIND SEHR REICHHALTIG UND SOLLTEN NUR HIN UND WIEDER VERZEHRT WERDEN.

Den Knoblauch abziehen und fein reiben. Den Ingwer schälen und sehr fein hacken. Die Kokosnuss raspeln. (Gekaufte Kokosraspeln sollten zuvor etwa 1 Stunde in Kokosmilch eingeweicht werden.) Knoblauch, Ingwer, Kokosraspeln und Zucker in einen Topf geben und unter Wärmezufuhr langsam erhitzen. Mit Essig ablöschen. Das Chutney bei kleiner Flamme unter ständigem Rühren etwa 20 Minuten einkochen lassen. Das Chutney heiß in Gläser füllen und diese fest verschließen.

Das Mehl in eine Schüssel geben, eine Prise Salz und das weiche Ghee zugeben und mit so viel Wasser verkneten, dass ein weicher, leicht formbarer Teig entsteht.

Gut walnussgroße Kugeln formen. Mit dem Nudelholz auf einer bemehlten Arbeitsfläche zu dünnen Fladen ausrollen. Wenig Ghee in der Pfanne erhitzen und die Chapatifladen nach und nach von beiden Seiten bräunen. Die Chapati zusammen mit Kokoschutney servieren.

Tipp: Die Chapati isst man auch gerne zu Gemüse- oder Fischcurrys oder zu Dhals, dem typischen Linsengericht.

Für 4 Personen

Für das Chutney:

2 Knoblauchzehen

2 cm Ingwer

250 g frische Kokosnuss (ersatzweise Kokosflocken in Kokosmilch eingeweicht)

100 g brauner Zucker

100 g Kokos- oder Reisessig (aus dem Asialaden)

Für die Chapati (ca. 16 Stück):

200 g Vollkornmehl

Salz

50 g weiches Ghee

Ghee zum Ausbacken

Zubereitungszeit: 65 Minuten

Die ayurvedische Sauna

Im Ayurveda schätzt man die wohltuende und heilende Wirkung der Sauna. Das Hotel Paragon hat diese besondere Sauna nach Sri Lanka gebracht. In dieser Form einzigartig, sieht sie völlig anders aus, als wir sie kennen, und sie wurde mit großem Aufwand gebaut. Jeder Baustoff dieses kegelförmigen Baus hat seine Bedeutung. Man braucht etwa 100 als Medizin zu verstehende Substanzen, die beim Erwärmen der Sauna ihre Wirkstoffe gleichmäßig in den Raum abgeben. So z. B. die Ziegel, die aus spezieller Erde unter Zugabe von Kräutern auf eine besondere Art gebrannt werden. Zum Verputzen nimmt man Termitensand, gemahlene Korallen, Sand aus einem Flussbett, die mit Abkochungen von Rinden und Blättern verrührt werden. Auch Honig und Palmzucker finden Verwendung. Die Sauna wird auf 45 Grad erhitzt. Die Füße ruhen auf einer Art Setzkasten, der mit Gewürzen, Nüssen und Rinden gefüllt ist.

Die riesigen Blätter dieses großen Baumes nennt man in Sri Lanka auch »elefants«. Frühlingszwiebeln geben eine milde Schärfe.

Zwiebelmus

Lunu

TUT VATA GUT
IST BEI PITTA UND KAPHA
EHER ZU MEIDEN
TAMARINDE FÖRDERT DIE VERDAUUNG.

Für 4 Personen

1 kg rote Zwiebeln
3 EL Ghee
1 EL getrocknete Curryblätter
150 g brauner Zucker
1 Prise Zimt, gemahlen
Salz und Pfeffer
6 EL Tamarindensaft (ersatzweise 2 TL Tamarindenpaste)

Zubereitungszeit: 40 Minuten

Die Zwiebeln abziehen und in Streifen schneiden. Das Ghee in einem Topf erhitzen und die Zwiebeln darin glasig dünsten. Die Curryblätter grob in Stücke brechen und zusammen mit dem Zucker und der Prise Zimt zu den Zwiebeln geben. Salzen und pfeffern.

Bei kleiner Hitze unter ständigem Rühren den Zucker schmelzen lassen.

Den Tamarindensaft zugeben (Tamarindenpaste mit etwas Wasser anrühren), umrühren und die Zwiebeln ca. 20 Minuten einkochen lassen, bis sie sehr weich sind.

Tipp: Das Zwiebelmus schmeckt warm zu Roti oder Chapati und lässt sich in einem verschlossenen Glas einige Tage aufbewahren.

Chili-Limonen-Zwiebel-Sambol

Luni Sambala

TUT KAPHA GUT
IST BEI VATA UND PITTA EHER ZU MEIDEN
DIE SCHÄRFE DER CHILI REGT DIE VERDAUUNG AN UND MACHT DIE ZWIEBELN BEKÖMMLICHER.

Die Zwiebel abziehen und in feine Streifen schneiden. In eine kleine Schale geben.

Die Chilischote waschen, fein hacken und zu den Zwiebeln geben. Den Limonensaft zugeben und das Sambol abschmecken.

Für 4 Personen

1 große rote Zwiebel

1 rote Chilischote

Saft von 1 Limone, Salz und Pfeffer

Zubereitungszeit: 10 Minuten

Kokos-Zwiebel-Chili-Sambol

Pol Sambala

TUT KAPHA GUT
IST BEI VATA UND PITTA EHER ZU MEIDEN
DAS FRISCHE KOKOSFLEISCH MILDERT DIE SCHÄRFE DER ZWIEBELN.

Das frische Kokosfleisch fein raspeln. Die gekauften Kokosraspeln ggf. gut ausdrücken. Die Zwiebel abziehen und fein hacken. Die Chilischote waschen und fein hacken. Alles vermischen und mit Salz und Pfeffer abschmecken.
Das Sambal sollte eine streufähige Konsistenz haben.

Für 4 Personen

100 g frische Kokosnuss (ersatzweise Kokosraspeln in Kokosmilch eingeweicht)

1 rote Zwiebel, 1 rote Chilischote

Salz und Pfeffer

Zubereitungszeit: 15 Minuten

Zwiebeln mit Joghurt
Lunu Samaga Kivi

TUT VATA GUT
IST BEI PITTA UND KAPHA EHER ZU MEIDEN
JOGHURT IST FÜR KAPHAKONSTITUTION NICHT SO SEHR GEEIGNET.

Die Zwiebeln abziehen und in feine Streifen schneiden.

Naturjoghurt mit Salz und Pfeffer glatt rühren. Die Zwiebeln zugeben und alles miteinander verrühren.

Für 4 Personen

2 große rote Zwiebeln
150 g Naturjoghurt
Salz und Pfeffer

Zubereitungszeit: 10 Minuten

Gurke mit Joghurt
Pipinnya Samaga Kivi

TUT VATA UND PITTA GUT
IST BEI KAPHA EHER ZU MEIDEN
GURKENJOGHURT NEUTRALISIERT BEI SEHR SCHARFEM ESSEN.

Die Gurke waschen, schälen und längs halbieren. Die Kerne mit einem Teelöffel entfernen. Die Gurke fein raspeln. Die Gurkenraspel salzen und eine halbe Stunde beiseite stellen.

Den Knoblauch abziehen und in feine Scheiben oder Würfel schneiden. Joghurt dazugeben und miteinander verrühren. Die abgetropften Gurkenscheiben dazugeben, alles vermischen und nach Belieben salzen und pfeffern.

Für 4 Personen

1/2 Salatgurke
Salz
1 Knoblauchzehe
150 g Naturjoghurt
Pfeffer

Zubereitungszeit: 10 Minuten
Zeit zum Ziehen: 30 Minuten

Alte Schriften auf Palmblättern

In jedem Kloster und Tempel werden teils sehr alte Schriften aufbewahrt, die uns auf den ersten Blick nur entfernt an Bücher erinnern. Ihre Form ist rechteckig, lang und schmal, zusammengehalten werden sie von zwei hölzernen Deckeln, die mit einem Band umwickelt sind. Wickelt man dieses kleine Paket aus, so befinden sich zwischen den Holzdeckeln die zarten Blätter der Papyrus- oder Talipatpalme. Auch heute werden die Bücher noch so wie vor langer Zeit hergestellt. Doch leider droht diese Tradition verloren zu gehen. Zunächst werden die geschnittenen Palmblätter gesäubert und getrocknet. Mit einem spitzen Gegenstand wird der Text eingeritzt, das beschriebene Blatt mit einer dunklen Farbe abgerieben und die überschüssige Farbe abgewischt. Jetzt erst ist die Schrift sichtbar.

Gemüsepakora

Ellawalu Pakora

TUT VATA UND PITTA GUT
IST BEI KAPHA EHER ZU MEIDEN
CURRYBLÄTTER REGEN APPETIT
UND VERDAUUNG AN; GUT BEI
IN FETT GEBACKENEM.

Für 4 Personen

800 g gemischtes Gemüse (z.B. Möhren, Porree, Zwiebeln, Weißkohl oder Zucchini)

2 Knoblauchzehen

1 EL getrocknete, zerriebene Curryblätter

1 Messerspitze Kurkuma, gemahlen

Salz und Pfeffer

125 g Mehl

Ghee zum Ausbacken

Zubereitungszeit: 90 Minuten

Das Gemüse waschen, putzen und in sehr feine Streifen schneiden. Den Knoblauch abziehen und fein reiben. Die zerriebenen Curryblätter zusammen mit dem Knoblauch und dem Kurkuma zu dem Gemüse geben. Das Gemüse mit Salz und Pfeffer abschmecken und mit Mehl vermischen. Die Masse etwas ruhen lassen.

Das Ghee in einer tiefen Pfanne erhitzen, mit 2 Teelöffeln kleine Haufen aus der Gemüsemasse formen, in das Fett setzen und die Pakora nacheinander goldbraun ausbacken.

Tipp: Dazu passt der Gurkenjoghurt von Seite 99.

Linsenpakora

Danya Pakora

WIRKT IN GERINGEN MENGEN AUSGLEICHEND AUF ALLE DOSHAS
IST SEHR REICHHALTIG; DAHER WÄHREND EINER KUR EHER ZU MEIDEN; DANACH ALLERDINGS SEHR LECKER.

Für 4 Personen (ergibt ca. 30 Stück)

800 g rote Linsen

2 rote Zwiebeln

2 Knoblauchzehen

2 EL getrocknete, zerriebene Curryblätter

1 Messerspitze Kurkuma

Salz und Pfeffer

etwas Mehl

Ghee zum Ausbacken

Zubereitungszeit: 70 Minuten
Einweichzeit: über Nacht

Die Linsen waschen, verlesen und 12 Stunden über Nacht einweichen lassen.

Die Linsen im Mörser zerkleinern oder mixen (einige Linsen können ganz bleiben). Die Zwiebeln abziehen und in feine Würfel schneiden. Den Knoblauch abziehen und fein hacken.

Linsen, Zwiebeln, Knoblauch, zerriebene Curryblätter und Kurkuma miteinander verrühren und das Ganze mit Salz und Pfeffer abschmecken. So viel Mehl dazutun, bis ein formbarer Teig entsteht.

Aus dem Teig kleine Plätzchen formen und diese im heißen Ghee goldbraun und knusprig ausbacken. Kalt oder warm servieren.

Tipp: Dazu passt das Papayasambal von S. 75.

Die Linsen gründlich unter fließendem Wasser waschen, verlesen und über Nacht einweichen. Die eingeweichten Linsen mit einem Pürierstab pürieren. Die restlichen Zutaten mit den Linsen in eine Schüssel geben und alles gründlich vermischen. Aus der Pakoramasse mit angefeuchteten Händen kleine Plätzchen formen und im heißen Fett rundum anbraten.

Gemüse-Sesam-Crêpe

Tala Ellawalu Lewariya

WIRKT IN GERINGEN MENGEN AUSGLEICHEND AUF ALLE DOSHAS
DAS GERICHT IST SEHR REICHHALTIG; DAHER NUR IN KLEINEN MENGEN VERZEHREN.

Für 4 Personen

1 Ei, 200 ml Milch
150 g Mehl, Salz
1 Prise Zucker, 4 TL flüssiges Ghee
4 gehäufte EL Erdnüsse, geröstet
4 EL weiches Ghee
1 rote Zwiebel
2 Knoblauchzehen
10 cm Ingwer
1 rote Chilischote
200 ml dicke Kokosmilch (s. S. 70)
Salz und Pfeffer
4 EL Sesamsamen
600 g in Streifen geschnittenes gemischtes Wokgemüse
2 EL Sojasauce
Currymischung Nr. 1 (s. S. 38)

Zubereitungszeit: 60 Minuten

Aus Ei, Milch, Mehl, Salz, Zucker und flüssigem Ghee einen Teig rühren. Aus Erdnüssen und 1 Esslöffel Ghee mit einem Mixer eine Erdnussbutter zubereiten. Die Zwiebel abziehen und in Ringe schneiden. Den Knoblauch abziehen und fein würfeln. Den Ingwer schälen und in feine Würfel hacken. Die Chilischote waschen und fein hacken.

1 Esslöffel Ghee erhitzen. Zwiebel, Knoblauch, die Hälfte des Ingwers und Chilischote glasig dünsten. Kokosmilch zugeben und 5 Minuten leicht kochen lassen. Die Erdnussbutter zugeben und mit Salz und Pfeffer abschmecken. Die Sauce pürieren und warm halten.

Für die Crêpes 1/2 Teelöffel Ghee in der Pfanne erhitzen, 1 Esslöffel Sesam darin verteilen und mit einem Viertel Teig begießen. Crêpe ausbacken und warm stellen. Gleiches bei weiteren Crêpes.

Für die Füllung 1 Esslöffel Ghee im Wok erhitzen und das Gemüse darin anbraten. Sojasauce zugeben, aufwallen lassen und vom Herd nehmen. Den restlichen Ingwer zugeben, umrühren und abschmecken. Die Crêpe füllen und die Erdnussbutter darüber geben.

Tipp: Schmeckt auch gut zu Reis oder mit Pilzen und Sprossen.

Je reifer die Avocado, desto aromatischer schmeckt der Pfannkuchen.

Avocadopfannkuchen

Aligeta Lewariya

TUT VATA UND KAPHA GUT
IST BEI PITTA EHER ZU MEIDEN
STATT PFANNKUCHEN REIS SERVIEREN;
DAS MACHT DAS GERICHT LEICHTER.

Den Ingwer schälen und in feine Würfel schneiden. Die Chilischote waschen und fein hacken. Den Knoblauch abziehen und fein würfeln. Das Ghee im Topf auslassen. Den Zucker darin 1 Minute unter Rühren braten lassen. Limonensaft, Ingwer, Chilischote und die zerriebenen Curryblätter zu dem Zucker geben und einmal aufwallen lassen. Den Fond beiseite stellen.

Die Cashewnüsse in einer Pfanne ohne Fett goldbraun rösten. Mit dem Fond ablöschen. Mit Salz abschmecken. Die Avocados halbieren, das Fruchtfleisch vom Kern lösen und in Spalten schneiden.

Die Eier trennen. Aus Eigelben, Mehl, Milch, Salz und Zucker einen Teig herstellen. Eiweiß steif schlagen und vorsichtig unterheben.

Etwas Ghee in einer Pfanne erhitzen und ein Viertel des Teigs eingießen. Sofort ein Viertel der Avocados darauf legen und einbacken lassen. Den Teig wenden und fertig backen. Weitere drei Pfannkuchen ebenso ausbacken.

Die vier Pfannkuchen warm stellen. Die Sahne steif schlagen, unter die Nüsse heben, umrühren und über den Pfannkuchen verteilen.

Für 4 Personen

Für den Fond:

4 cm Ingwer
1/2 frische rote Chilischote
1 Knoblauchzehe, 1 EL Ghee
1 gehäufter EL brauner Zucker
Saft von 2 Limonen
6 Curryblätter
4 EL Cashewnüsse, 1 Prise Salz
2 Avocados, 100 ml Sahne

Für den Teig:

2 Eier, 200 g Mehl
300 ml Milch, 1/2 TL Salz
1 Prise Zucker
Ghee zum Ausbacken

Zubereitungszeit: 60 Minuten

Briqueteigröllchen mit Linsenfüllung

Danya Lewariya

TUT PITTA UND KAPHA GUT
IST BEI VATA EHER ZU MEIDEN
ZIMT ERFRISCHT, REGT AN UND
STÄRKT DIE NERVEN.

Für 4 Personen

500 g rote Linsen
8 rote Zwiebeln
2 Knoblauchzehen
2 EL Ghee
Salz und Pfeffer
etwas Apfelessig
1 Messerspitze Paprika, gemahlen
1 TL Zimt, gemahlen
etwas Cayennepfeffer
1 Hand voll Rosinen
evtl. etwas Gemüsebrühe
4 Korianderzweige
1/2 Bund Petersilie
ein paar Blättchen Minze
8 Briqueteig- oder Yufkablätter (im türkischen oder asiatischen Laden erhältlich)
4–6 EL Ghee

Zubereitungszeit: 60 Minuten
Einweichzeit: über Nacht

Die Linsen über Nacht einweichen.

Die Zwiebeln abziehen und in Streifen schneiden. Knoblauch abziehen und fein hacken. Die Linsen abgießen.

Das Ghee in einer Pfanne erhitzen. Zwiebeln und Knoblauch darin glasig dünsten. Die abgetropften Linsen zugeben, umrühren und 2 Minuten mit anbraten. Salzen und pfeffern. Mit Essig nach Belieben abschmecken. Paprika, Zimt, Cayennepfeffer und Rosinen zugeben.

Das Ganze gut 30 Minuten kochen lassen (evtl. etwas Gemüsebrühe zufügen), bis die Linsen weich sind. Ggf. erneut abschmecken und die Pfanne von der Kochstelle nehmen. Die Kräuter waschen und grob hacken. Unter die Linsen heben.

Die Teigblätter auslegen. Die Linsenmasse mit einem Esslöffel in die Mitte setzen und den Teig zu Röllchen oder Päckchen falten.

Das Ghee in einer Pfanne erhitzen. Die Röllchen hineingeben, auf der Nahtseite beginnen, und rundherum 3 bis 5 Minuten anbraten, bis sie braun sind. Am besten heiß servieren.

Typische Arbeitsgeräte

Für die Zubereitung der vielen verschiedenen Arzneien, Tinkturen, Öle, Pasten und Pillen werden ebenso viele verschiedene, oft altertümlich anmutende Geräte benötigt. Da gibt es einen Filter für die Öle, der aus einer Lianenart geflochten wird und eher an einen Köcher erinnert. Man braucht Mörser unterschiedlicher Größe aus Stein zum Zerstoßen der Samen, große Bottiche zum Kochen der Tinkturen. Zum Einkochen der Medizin nimmt man kleine Tontöpfe auf irdenen Stövchen. Eine Waage darf nicht fehlen, ebenso wenig wie ein Reisigbesen, mit dem die Kräuter beim Trocknen gewendet werden. Mahlsteine dienen dem Zerreiben von Wurzeln, und Schütten benötigt man zum Aussortieren der Gewürze.

desserts & getränke

Ceylon Tee und seine Herstellung

▽ In traditionellen Sperrholzkisten wird der fermentierte Tee verschickt.

▽ ▽ »Two leaves and a bud« – nur die Endknospe und die beiden folgenden Blätter werden bei der Ernte gepflückt.

Ceylon Tee ist jedem ein Begriff, auch wenn viele damit nicht sofort Sri Lanka assoziieren – die Insel hieß bis 1972 Ceylon. Seit gut 120 Jahren wächst Tee auf der Insel im Indischen Ozean, und das auch nur zufällig. Damals kultivierten die Engländer Kaffee, der aber von einer Art Pilz befallen wurde und die Kaffeeplantagen sehr stark angriff. Aus der Not heraus suchten sie sich eine andere Pflanze – den Tee.

Damit der Tee sein feines Aroma entwickeln kann, benötigt die Pflanze regenreiche Nächte und sonnige Tage. Feuchtwarmes Klima und die Reinheit der Höhenluft sind ideale Wachstumsbedingungen. Die besten Plantagen liegen in 1000 bis 2000 Meter Höhe an den Ost- und Westhängen der Hochebenen. Ende Juni bis Ende August wird an den Osthängen geerntet. An den Westhängen wird ab Februar bis in den März hinein gepflückt.

Hauptsächlich tamilische Arbeitskräfte pflücken in mühsamer Handarbeit die Teeblätter. Meist sind es Frauen, die in bunte Saris gekleidet ihrer Arbeit nachgehen. Die Plantagen gleichen kleinen Dörfern: Es gibt Schulen und ärztliche Betreuung; die Arbeiter leben in speziell für sie gebauten Häusern.

Ein Teestrauch kann, wenn man ihn wild wachsen lässt, bis zu 20 Meter hoch werden. In den Plantagen beschneidet man die Sträucher auf eine Pflückhöhe von 1 bis 1,50 Meter. Etwa vier bis fünf Jahre nach der Pflanzung wird das erste Mal geerntet. Man pflückt nur die Spitze und die zwei obersten Blätter. Bis heute ist es nicht gelungen, die Teeernte maschinell durchzuführen.

Die Teeherstellung erfolgt in mehreren Schritten: Nach dem Pflücken müssen die Teeblätter zunächst welken, dann werden sie gerollt. Durch das Brechen der Blätter wird ätherisches Öl freigesetzt, das mit dem Luftsauerstoff reagiert. Damit wird der Fermentierungsprozess eingeleitet. So gewinnt man schwarzen Tee. Mit 80 °C heißer Luft wird die Fermentation nach einiger Zeit gestoppt, und der Tee ist jetzt haltbar.

Tee ist das Hauptgetränk der Menschen auf Sri Lanka, »any time is tea time« gilt überall. Die Einheimischen lieben ihn sehr stark gesüßt. Gut 95 Prozent der Produktion wird exportiert. Der Teehandel findet zweimal wöchentlich in der Hauptstadt statt und wird fast ausschließlich von Briten beherrscht. Überall in Colombo sind die Namen großer Teefirmen auf Häuserwänden und Plakaten zu lesen.

Curd – der typische Büffeljoghurt

Eine Besonderheit, die auf keinem Dessertteller fehlen darf, ist Curd. Das ist ein Naturjoghurt aus Büffelmilch mit einem leichten, aber deutlichen Geschmack nach seinem Lieferanten. Der beste und aromatischste Curd kommt aus dem Südosten der Insel Sri Lanka, aus der Gegend um die Stadt Matara herum. Dort sollen die Büffel eine besonders fetthaltige Milch liefern.

Curd muss frisch gegessen werden, d. h. innerhalb von zwölf Stunden nach dem Ansetzen. Die gesäuerte Milch wird in gebrannte Tonschalen, die in speziellen Keramikmanufakturen hergestellt werden, gefüllt. Anschließend werden sie mit Zeitungspapier oder Klarsichtfolie abgedeckt, und der Curd reift heran. Da er frisch am besten schmeckt, werden die gefüllten Keramikschalen rasch in alle Teile der Insel transportiert, von Palmenblättern und Kokoskordeln in Stapeln zusammengehalten, um auf Märkten und in Geschäften verkauft zu werden.

Traditionellerweise isst man Curd als Dessert. Gerne wird der Büffeljoghurt mit »treacle«, einem Palmsirup, gesüßt. Der beste Sirup soll von der Palmenart stammen, die Einheimische »Kitul« nennen. Ein weiteres Rezept, das typischerweise aus Curd zubereitet wird, ist »Lassi«, ein erfrischendes Getränk, für das Curd, Früchte und Honig oder Zucker püriert werden. So trinkt man auf Sri Lanka z. B. gerne Bananen-, Mango- oder Papayalassi. Das Rezept für Papayalassi in diesem Buch steht auf S. 111.

▷Frische, aromatische Früchte, wie z. B. Mangos oder Papayas, werden auf jedem Markt der Insel angeboten.
▷▷ Ungekühlt wird Curd auf den bunten Märkten der gesamten Insel angeboten.

Flowerdrink
Vada Mal Panaya

WIRKT AUSGLEICHEND AUF ALLE DOSHAS; IST JEDOCH BESONDERS PERSONEN MIT PITTAKONSTITUTION ZU EMPFEHLEN.

Die Hibiskusblütenblätter in eine große Kanne geben. 1 Liter Wasser zum Kochen bringen und darüber gießen. Den Zucker zufügen, umrühren und in ca. 60 Minuten erkalten lassen.

Den Tee abseihen. Mit dem Limonensaft nach Belieben abschmecken und nach Bedarf nachsüßen.

Den Tee auf vier hohe Gläser verteilen. Eine Scheibe Limone und eine Blüte an den Rand stecken und den Flowerdrink servieren.

für 1 Glas

4 geh. EL Hibiskusblütentee
3 EL Zucker
Saft von 1 bis 2 Limonen
4 Scheiben Limonen
1 Blüte zur Dekoration

Zubereitungszeit: 10 Minuten
Zeit zum Erkalten: 60 Minuten

Papayalassi
Pepol Moru

BEI VERWENDUNG VON CURD:
TUT VATA UND KAPHA GUT
IST BEI PITTA EHER ZU MEIDEN
PAPAYA WIRKT ENTSCHLACKEND.

Die Papaya halbieren und eine Hälfte im Kühlschrank aufbewahren. Bei der anderen Hälfte die Kerne entfernen. Die Frucht grob zerkleinern.

Die Papayastücke, den Joghurt, 150 Milliliter Wasser und Honig nach Belieben in einen Mixer geben und das Ganze pürieren.

Die Lassi in ein Glas füllen und eine Blüte an den Rand stecken.

Tipp: Schmeckt auch mit Bananen, Pflaumen oder Himbeeren.

für 1 Glas

1/2 Papaya
3 EL Naturjoghurt oder Curd (s. S. 109)
Honig nach Geschmack
1 Blüte zur Dekoration

Zubereitungszeit: 10 Minuten

Die Bananensorten

Auf Sri Lanka gibt es viele verschiedene Bananensorten, die sich schon durch ihr Äußeres unterscheiden. Im Ayurveda benutzt man gerne die saure Sorte, die gut für die Verdauung ist. Bei Lungenproblemen sollte man sie meiden. Eine süße Sorte, die Zuckerbanane, ist reif nicht für Diabetiker geeignet; eine grüne schlanke Sorte hilft bei Schlafstörungen und hat am meisten Stärke. Die rote Banane ist zum Genießen, und die grüne, kurze, dicke Sorte ergibt ein leckeres Curry.

Obstsalat

Palaturu Salada

WIRKT IN GERINGEN MENGEN AUSGLEICHEND AUF ALLE DOSHAS
ENTHÄLT VIELE VITAMINE UND STÄRKT DIE KÖRPERABWEHR.

Für 4 Personen

1/2 Ananas
1 Banane
1/2 Mango
1 Orange
1 Apfel
Saft von 1 Limone
1 kleine Prise Salz

Zubereitungszeit: 20 Minuten

Die Ananas halbieren. Eine Hälfte im Kühlschrank aufbewahren. Die andere Hälfte schälen und die dunklen Augen sorgfältig entfernen. Das Fruchtfleisch in kleine Würfel schneiden. Die Banane schälen und in Scheiben schneiden. Die Mango halbieren und das Fruchtfleisch mit einem scharfen Messer vom Kern lösen. Eine Hälfte im Kühlschrank aufbewahren. Die andere Hälfte in Scheiben schneiden.

Die Orange schälen und das Weiße gründlich entfernen. Den Apfel waschen und in Spalten schneiden.

Das Obst durchmischen. Limonensaft und Salz darüber geben, vermischen und den Obstsalat auf vier Tellern angerichtet servieren.

Äpfel werden auf Sri Lanka hübsch zusammengebunden und an den Verkaufsständen hängend auf den Märkten verkauft.

Mango im Kokosmantel

Amba Pol

TUT VATA UND KAPHA GUT
IST BEI PITTA EHER ZU MEIDEN
REIFE MANGOS SCHMECKEN SEHR SÜß UND WERDEN AUF SRI LANKA FÜR VIELE GERICHTE VERWENDET.

Aus den Zutaten für den Crêpeteig einen Teig rühren. 2 Esslöffel Ghee in einer Pfanne erhitzen und nacheinander 4 dünne Crêpes ausbacken.

Die Mango längs entkernen und schälen. Aus dem ausgelösten Fruchtfleisch 8 Spalten schneiden. Das restliche Fruchtfleisch pürieren und mit Honig und Limonensaft nach Belieben abschmecken.

Das Ei mit einer Gabel verquirlen. Die Mangospalten eintauchen und anschließend in den Kokosraspeln wälzen.

2 Esslöffel Ghee in einer Pfanne erhitzen und die panierten Mangospalten darin von beiden Seiten goldgelb ausbacken.

Die Crêpes mit dem Mangopüree bestreichen, die angebratenen Mangospalten darauf legen, die Crêpes zu einem Dreieck zusammenfalten und auf einem Teller servieren.

Für 4 Personen

Für den Crêpeteig:

40 g Mehl, 80 ml Milch
1 EL Sahne, 30 g flüssiges Ghee
1 Prise Salz
1 Ei
Schale von 1/2 unbehandelten Limone

Außerdem:

4 EL Ghee zum Ausbacken
1 große Mango
4 EL Kokosraspeln
Saft von 1 Limone
1 EL Honig
1 Ei

Zubereitungszeit: 40 Minuten

Sagopudding

Saw Pudima

TUT VATA UND PITTA GUT
IST BEI KAPHA EHER ZU MEIDEN
TUT EINEM NERVÖSEN MAGEN GUT
UND BERUHIGT IHN.

Für 4 Personen

400 ml Milch
50 g Zucker
70 g Sago
1 frisches Ei
50 g flüssiges Ghee
1 Prise Salz
abgeriebene Schale von 1 Limone
2 EL Mandelstifte
Honig nach Belieben

Zubereitungszeit: 25 Minuten

Einen Topf mit kaltem Wasser ausspülen. Milch, Zucker und Sago in den Topf geben, alles verrühren, aufkochen lassen und die Masse unter Rühren bei kleiner Hitze ca. 10 Minuten kochen lassen, bis der Sago glasig wird. Den Topf von der Kochstelle nehmen.

Das Ei und das Ghee unterheben und den Sagopudding mit Salz und der abgeriebenen Limonenschale abschmecken.

Die Mandelstifte in einer Pfanne ohne Fett goldbraun rösten. Den Pudding portionieren. Honig nach Belieben darüber träufeln und die gerösteten Mandelstifte darüber streuen. Den Pudding lauwarm servieren und nach Belieben frische Früchte dazu reichen.

Grießpudding mit Mangomark

Rulan Pudima

TUT PITTA GUT
IST BEI VATA UND KAPHA EHER ZU MEIDEN
DER PUDDING KÜHLT DEN KÖRPER; WIRD IDEAL ERGÄNZT DURCH DIE MANGO

Die Cashewkerne grob hacken und in einer Pfanne ohne Fett hellbraun rösten. Die Vanilleschote längs aufschlitzen und das Mark herauskratzen.

Einen Topf mit kaltem Wasser ausspülen. Kokosmilch, Zucker, Cashewkerne, Vanillemark, abgeriebene Schale der Limone, Salz und Kardamom in einen Topf geben und alles zusammen aufkochen lassen.

Den Grieß zufügen und so lange rühren, bis er keine Klümpchen mehr bildet. Die Hitze reduzieren und die Masse zugedeckt bei geringer Hitze ca. 10 Minuten garen. Dabei häufig umrühren, damit der Grießpudding nicht anbrennt.

Den Topf von der Kochstelle nehmen und evtl. mit Zucker abschmecken. In kleine Gläser füllen und erkalten lassen.

Die Mango halbieren, das Fruchtfleisch vom Kern lösen und pürieren. Grießpudding auf einen Teller stürzen. Das Mangomark daneben anrichten und servieren.

Für 4 Personen

60 g Cashewkerne
1/2 Vanilleschote
600 ml Kokosmilch oder Milch
3 EL Zucker
abgeriebene Schale von 1 unbehandelten Limone
1 Prise Salz
1 Prise Kardamom
80 g Grieß
1 große Mango

Zubereitungszeit: 30 Minuten
Zeit zum Erkalten: 60 Minuten

Alle Zutaten für den Grießpudding in einen Topf geben, gründlich umrühren und kochen lassen. In Gläser füllen und den Pudding nach dem Erkalten stürzen.

Grießschnitte mit Zitrussalat
Rulan Dehi Salada

TUT VATA UND PITTA GUT
IST BEI KAPHA EHER ZU MEIDEN
KARDAMOM, ZIMT UND MUSKAT REGEN DIE VERDAUUNG AN UND GEBEN DEM GRIEß EINE WÜRZIGE NOTE.

- Die Kokosmilch mit Grieß, Zucker, Salz und den Gewürzen in einen Topf geben und unter Rühren langsam erhitzen. Aufkochen lassen und ca. 10 Minuten bei kleiner Hitze ausquellen lassen.
- Den Backofen auf 180 °C vorheizen. Ghee schaumig rühren. Die Eier trennen und die Eigelbe unter das Ghee rühren. Ghee mit Eigelb unter die Grießmasse rühren. Das Eiweiß steif schlagen und unter die Grießmasse heben.
- Eine Springform mit Klarsichtfolie auslegen. Die Grießmasse darin ausstreichen.
- Die Grießmasse im vorgeheizten Backofen (Umluft 160 °C; Gas Stufe 2–3) ca. 40 Minuten backen. Herausnehmen, erkalten lassen und in kleine Stücke schneiden.
- Die Orange und die Grapefruit filetieren. Den Saft dabei auffangen. Filets mit dem Zucker und dem Saft vermischen. Den Zitrussalat zusammen mit der Grießschnitte und einem Minzeblatt servieren.

Für 4 Personen (als Hauptspeise)

600 ml dünne Kokosmilch (s. S. 70)
180 g Weizengrieß
80 g Zucker
1 Prise Salz
1 Prise Kardamom, gemahlen
1 Prise Zimt, gemahlen
1 Prise Muskat, gemahlen
2 EL Ghee
4 Eier
1 Orange
1 Grapefruit
etwas Zucker
4 Minzeblätter zur Dekoration

Zubereitungszeit: 20 Minuten
Garzeit: 40 Minuten

Die Zimtherstellung

Überall auf Sri Lanka gibt es Zimtplantagen. Die Bäume, die eher Büschen gleichen, gehören zu den Lorbeergewächsen. Sobald man die Blätter in der Hand zerreibt, steigt schon der unverwechselbare frische und würzige Zimtduft in die Nase. Zur Zimtgewinnung braucht man nur die Rinde der Pflanze, die aus zwei Schichten besteht. Man fällt den Baum oder schneidet einen Ast ab, bricht mit einem Metallrohr durch reibende Bewegung die erste Haut auf, schabt sie ab und schält die zweite Haut: die Zimtrinde. Feucht ist sie noch sehr hell, erst nach dem Trocknen nimmt sie die typische rötlich-braune Farbe an. Man legt mehrere Rinden ineinander, die sich beim Trocknen zusammenrollen. Im Ayurveda wird das beliebte Gewürz gegen Blähungen eingesetzt. Außerdem wirkt es schweiß- und harntreibend.

Zimt erfrischt, wirkt anregend und stärkt die Nerven.

Möhrenhalwa

Kerrot Dosi

TUT VATA UND PITTA GUT
IST BEI KAPHA EHER ZU MEIDEN
DIE MÖHRE MACHT DIE SÜßSPEISE
LEICHTER VERDAULICH.

Für 4 Personen

1 große Möhre (ca. 100 g)
etwas Zimt, gemahlen
3 EL Ghee
150 g Zucker
1 Prise Salz
400 ml dicke Kokosmilch (s. S. 70)

Zubereitungszeit: 80 Minuten

Die Möhre waschen, schälen und sehr fein raspeln. Etwas Wasser mit Zimt in einen Topf geben und die Möhrenraspeln zufügen. Die Raspeln bei geringer Hitze im geschlossenen Topf dünsten, bis sie weich sind. Dabei ab und zu umrühren, damit die Möhren nicht anbrennen. Evtl. noch etwas Wasser zugeben. Die Raspeln pürieren.

Das Ghee bei geringer Hitze schmelzen lassen. Möhrenpüree, Zucker, Salz und die Hälfte der Kokosmilch hinzufügen und alles gut miteinander vermischen.

Die Masse bei geringer Hitze unter Rühren so lange kochen lassen, bis alle Flüssigkeit verdampft ist.

Die restliche Kokosmilch zufügen und erneut so lange einkochen lassen, bis eine zähflüssige Masse entsteht.

Zum Schluss die Masse auf eine ganz flache Form oder ein Backblech gießen und abkühlen lassen. Dann in kleine Quadrate schneiden oder besser zu Kugeln formen und servieren.

Ingwerkuchen
Inguru Cake

TUT VATA UND KAPHA GUT
IST BEI PITTA EHER ZU MEIDEN
INGWER HAT EINEN SCHARFEN GESCHMACK, REINIGT UND REGT DIE VERDAUUNG AN.

Den Ingwer schälen und fein raspeln.

Butter, Eier und Zucker mit einem Handrührgerät schaumig rühren. Mehl, Salz und Backpulver zufügen und rasch unterrühren. Milch und Ingwerraspeln zu dem Teig geben und gründlich unterrühren.

Den Backofen auf 180 °C vorheizen. Eine Kastenform gründlich ausfetten und den Teig in die Form geben.

Den Ingwerkuchen im vorgeheizten Backofen (Umluft 160 °C; Gas Stufe 2–3) 80 bis 90 Minuten backen, bis er goldbraun ist. Stäbchenprobe!

Den Ingwer schälen und fein würfeln. Kurz vor Ende der Garzeit die Ingwerwürfel auf den Kuchen streuen und den Kuchen fertig backen.

Für 1 Kastenform

10 cm Ingwer
250 g weiche Butter
4 Eier
200 g Zucker
500 g Mehl
1 Prise Salz
1 Päckchen Backpulver
250 g Milch
Fett für die Form
1 Ingwerknolle

Zubereitungszeit: 25 Minuten
Backzeit: 80 bis 90 Minuten

Sesambällchen

Tala Guli

WIRKEN IN GERINGEN MENGEN AUSGLEICHEND AUF ALLE DOSHAS SESAMSAMEN UND -ÖL SIND ÄUßERST BELIEBT IN DER AYURVEDISCHEN KÜCHE.

Für 25 Stück

75 g Sesamsamen

200 g frische Kokosnuss (ersatzweise Kokosraspeln eingeweicht in Kokosmilch)

75 g Marzipanrohmasse

75 g Tahin (Sesampaste)

4 EL brauner Zucker

1 kleine Prise Salz

Zubereitungszeit: 60 Minuten

Die ganzen Sesamsamen in einer Pfanne ohne Fett goldbraun rösten. 2 Esslöffel abnehmen und beiseite stellen.

Die restlichen Sesamsamen auf einer Arbeitsfläche verteilen und mit dem Nudelholz quetschen.

Das Kokosfleisch fein raspeln (eingeweichte Raspeln gut ausdrücken). Die Flüssigkeit auffangen.

Die Marzipanrohmasse in kleine Stückchen pflücken. Marzipanrohmasse, Tahin, Kokosraspeln, Zucker, Salz und gequetschten Sesamsamen nach und nach gut durchkneten, bis sich die Zutaten gut miteinander verbunden haben. Falls die Masse zu trocken ist, nach und nach etwas von der Kokosmilch zufügen.

Von der Masse walnussgroße Bällchen formen und mit einem Esslöffel vorsichtig in den ganzen Sesamsamen wälzen.

Tipp: Die Bällchen kann man auch in angerösteten Kokosraspeln wälzen.

Die Brücke am Kwai

Zwei Wege führen von Nuwara Eliya aus in das im Hochland gelegene Kandy. Wählt man nicht die Hauptstraße über den Ramboda-Pass, vorbei an endlosen Teeplantagen, mit Blick auf das Kotmale-Wasserreservoir, sondern nimmt die Nebenstraße in Richtung Hatton, so kann man von dort einen Abstecher in die kleine Ortschaft Kitulgala machen. Dort wurde 1957 zum größten Teil der Film »Die Brücke am Kwai« mit Alec Guinness, Jack Hawkins und William Holden unter der Regie von David Lean gedreht. Der Fluss, an dem die Filmarbeiten stattfanden, heißt Kelani Ganga (Ganga = Fluss).

glossar

Abhyanga bedeutet übersetzt: »die Massage der liebenden Hände«. Zwei Therapeuten massieren gleichzeitig mit synchronen Bewegungen den Körper.

Agni nennt man im Ayurveda die Kraft, die das Verdauungsfeuer im Menschen schürt. Es bedeutet aber auch »Lebensflamme«, die hell brennt, wenn wir gesund sind.

Ama sind die Stoffwechselschlacken, die bei einer Ayurvedakur zuerst abgebaut werden, um die Entgiftung des Körpers einzuleiten. Sie lösen sich durch die Wirkung der Massagen, durch die verwendeten Öle und durch bestimmte Lebensmittel wie z. B. Ghee.

Artischocke, das Korbblütlergewächs, lässt sich bestens zur Behandlung einer angegriffenen Leber verwenden. Nach zu reichlichem Alkoholkonsum hilft eine Kur mit dieser Pflanze.

Bevölkerung Es leben knapp 20 Millionen Menschen auf Sri Lanka, gut 74 Prozent sind Singhalesen, 18 Prozent Tamilen, 7 Prozent Moors und 1 Prozent Borgos. Überwiegend wird singhalesisch und tamilisch gesprochen. Das Bildungswesen ist gut ausgebaut, und es gibt nicht mehr als 10 Prozent Analphabeten.

Bhodi-Baum gehört zur Familie der Feigenbäume. Unter diesem Baum erlangte Buddha seine Erleuchtung, und jedes Kloster hat einen Ableger dieses Baumes.

Ceylon war einst britische Kolonie und erlangte seine Unabhängigkeit am 4.2.1948 unblutig. Seit 1972 gibt es eine neue Verfassung, seitdem heißt die Insel »Sri Lanka«.

Decoctions sind Kräuterpräparate für eine Reinigungskur, die täglich frisch zubereitet werden. Es sind Abkochungen aus frischen Wurzeln, Blättern, Kräutern, Blüten, Rinden und Samen.

Die Form der Insel Sri Lanka ähnelt der Innenseite unserer linken Hand. Die Spitze des Mittelfingers ist Jaffna, am kleinen Finger liegt Trimcomalee, ein wenig links von der Handwurzel Galle, an der dicksten Stelle des Daumengelenks die Hauptstadt Colombo. In der Mitte liegt Kandy.

◁ *Frauen auf Sri Lanka tragen farbenfrohe Saris.*

Guggul ist die indische Myrrhe, die hauptsächlich als Duftstoff in Räucherstäbchen Verwendung findet. Sie soll eine gewichtsreduzierende Wirkung haben.

Guna Außer den Geschmacksrichtungen süß, sauer, salzig, scharf, bitter und herb hat jede Nahrung oder jedes Lebensmittel noch weitere Eigenschaften, die Gunas, wie beispielsweise schwer, ölig, leicht, trocken, kalt oder heiß. Mit diesen Eigenschaften werden die Doshas beeinflusst.

Honig ist im Ayurveda ein erlaubtes Süßungsmittel. Man sollte aber darauf achten, dass der Honig mindestens ein halbes Jahr gereift ist.

Ingwerwasser ist sehr zu empfehlen zur Steigerung des Agni. Ingwer hilft auch bei leichten Gemütsverstimmungen und wirkt besonders bei Müdigkeit und Schlaffheit angenehm stimulierend.

Kachcheri heißen die Verwaltungsgebäude und der Regierungssitz auf Sri Lanka. Meist handelt es sich dabei um Verwaltungsgebäude aus ehemals britischer Kolonialzeit.

Kälte und Zugluft wird von Ayurvedakurgästen als unangenehm empfunden und beeinträchtigt den Behandlungserfolg. Klimaanlagen sollten z. B. während einer Panchakarmakur nicht eingeschaltet sein. Kalte Getränke, Eiswürfel in Getränken und Eiscreme sind nicht »ayurvedisch« und sollten selten oder gar nicht genossen werden.

Kardamom ist ein Gewürz, das ausgleichend auf alle Doshas wirkt. Es regt den Appetit an, fördert die Verdauung, wird als Stärkungsmittel angewandt und gibt schwarzem Tee eine besondere Würze.

Kastenwesen Mehr als die Hälfte aller Singhalesen gehören der höchsten Kaste, der Bauernkaste, an, dann folgt die Fischerkaste, die Kaste der Zimtschäler, die der Palmzapfer und die der Wäscher. Das Kastensystem bestimmt immer noch das Leben, z. B. bei der Partnerwahl oder beim Eintritt in einen Orden.

△ *Eine der vielen Echsenarten auf Sri Lanka.*

Knoblauch ist frisch verwendet ein echtes Allheilmittel. Er senkt den Blutdruck und Cholesterinspiegel und reinigt das Blut. In kleinen Dosen regt er an; ein Zuviel kann jedoch auch müde machen.

Kovil ist die Bezeichnung für einen meist kleinen hinduistischen Tempel, den man keiner bestimmten Gottheit geweiht hat.

Lebenstherapie Ayurvedische Behandlungen sind so intensiv, dass sie nicht nur körperlich, sondern auch auf geistiger und seelischer Ebene wirken.

Longhi wird der Sari der tamilischen Teepflückerinnen genannt; sie sind oft bunter und farbenfroher als die der singhalesischen Frauen.

Mantra sind Sanskritlaute oder Silben, die zur Meditation »gedacht« werden. Sie helfen, den Geist zu beruhigen, fördern die Konzentration und verhelfen zu innerer Ruhe.

Nirwana ist die völlige seelische Ruhe als Endzustand eines gläubigen Buddhisten. Der Bodhisattva, ein Erleuchteter, verzichtet zugunsten seiner noch nicht erleuchteten Mitmenschen auf das Eingehen ins Nirvana und hilft ihnen auf dem Weg der Erleuchtung.

Panchakarmakur ist der Fachbegriff für eine Ayurvedakur und bedeutet im weitesten Sinne »Entgiften und Entschlacken des Körpers«. Durch gezielte Massagen mit speziellen Kräuterölen z. B. werden Giftstoffe im Körper gelöst und dadurch wird dieser gereinigt.

Pansala werden die Wohnungen der Mönche in den Klosteranlagen genannt, die oftmals in unmittelbarer Nähe der Unterrichtsräume liegen.

Phodni ist ein Sanskritwort, das so viel wie »anrösten« bedeutet. Ganze Gewürzsamen werden geröstet, um dadurch die ätherischen Öle freizusetzen.

Pranayama ist die Lehre vom bewussten und ausgeglichenen Atmen. Das ist eine bestimmte Technik, mit deren Hilfe man durch rhythmisch abwechselnde Atmung vom einen auf das andere Nasenloch atmet. So werden bestimmte Wirkungen erzielt, z. B. gelangt mehr Sauerstoff ins Gehirn.

Pulsdiagnose steht am Beginn einer jeden Ayurvedakur. Durch Ertasten des Pulses mit Zeige-, Mittel- und Ringfinger diagnostiziert der ayurvedische Arzt den Gesundheitszustand des Patienten und erkennt dabei u. a., in welchem Zustand sich die Doshas befinden.

◁ Der ayurvedische Arzt bekommt sein Honorar traditionellerweise in einem Bethelblatt verpackt.

△ *Die Tempelblüten schmücken z. B. die Buddhastatuen.*

Rasas heißen die sechs Geschmacksrichtungen: süß, sauer, salzig, scharf, bitter und herb oder auch zusammenziehend. Jede Mahlzeit sollte idealerweise alle sechs Rasas enthalten.

Saure Lebensmittel, wie z. B. Chutneys oder Ananas, sind während einer strengen Ayurvedakur eher zu meiden. Sie beeinträchtigen den Reinigungsprozess im Körper. Außerhalb einer Kur können diese Lebensmittel jedoch unbedenklich verzehrt werden.

Schärfe, wie sie Gewürze wie beispielsweise Ingwer und Chili haben, regen die Verdauung an, helfen beim Fettabbau, wirken entgiftend und entschlackend und sind wirksam gegen Krankheitserreger.

Shirudara, der Stirnguss, ist die intensivste und wichtigste Anwendung des Ayurveda, durch die die besten Heilungsprozesse möglich sind. Dabei wird warmes Öl in einem dünnen Strahl 20 Minuten über die Stirn gegossen. Diese Behandlung gilt als besonders entspannend und wohltuend und soll Stress abbauen.

Wewa ist der landestypische Name für »Stausee«, von denen es auf Sri Lanka eine Vielzahl gibt. Sie versorgen hauptsächlich die Bewässerungsgräben für die Reisfelder.

Yoga und andere Entspannungs- und Meditationsübungen sind wesentlicher Bestandteil einer Ayurvedakur. Dabei findet man zu sich selbst und zu innerer Ruhe.

Zyklon ist der Name des tropischen Wirbelsturms, der speziell über dem Indischen Ozean weht. In anderen Regionen wird er Taifun oder Hurrikan genannt. Zu ihrer Entstehung braucht das Meer eine Temperatur von mindestens 25 °C.

▽ *Tuk-Tuks fahren auf der gesamten Insel.*

rezeptregister

△ *Chilischoten wachsen ganzjährig.*

◁ *Buddhastatue vor dem Yatagalatempel bei Galle*

sachregister

▽ *Blick in eine ayurvedische Apotheke*

Dank

Herzlichen Dank an Uschi Burkart, die Geschäftsführerin des Spezialreiseveranstalters »Vita Vision« in Schondorf am Ammersee, für die tatkräftige und hilfreiche Unterstützung bei der Fotoproduktion im Hotel Paragon auf Sri Lanka.
Besonderer Dank geht auch an die Hotelleitung, das Gesundheitszentrum, den Küchenchef und alle weiteren Mitarbeiter des Hotels Paragon auf Sri Lanka für die liebevolle und produktive Hilfe vor Ort.
Besonderer Dank gilt Steffen Burkhardt, Inhaber und Chefkoch im Restaurant »Nil« in Hamburg für die kreative Unterstützung.
Herzlichen Dank auch an Irmela Kästner und Alibaba für ihre Zeit und Geduld.

Vita Vision GmbH
Ayurvedakuren und Spezialreisen
Mühlaustraße 29
86938 Schondorf am Ammersee
Tel. 08192/7065; Fax 08192/7068
E-Mail: info@vitavision.de
www.vitavision.de

▽ (von rechts) Elisabeth Füngers, Susanne Tiepelmann, Uschi Burkart, Clarence Brown, Sabine Kestler, Michael Holz, Susanne Kirstein und Matthias Eitner

Impressum

Die Autorinnen

Elisabeth Füngers ist Mitinhaberin des Restaurants »Nil« in Hamburg. Durch viele Asienreisen und Kontakte mit Kennern des Ayurveda ist sie mit dieser ganzheitlichen Lebensweise seit langem vertraut. Von ihr stammt die Idee für dieses Buch. Sie hat die Sri Lankesischen Originalrezepte unter ayurvedischen Kriterien an den westlichen Standard angepasst.

Uschi Burkart baute 1996 das Ayurvedahotel Paragon auf und pendelt zwischen Sri Lanka, dem Sitz des Hotels, und dem deutschen Firmensitz von »Vita Vision«. Sie ist Geschäftsführerin des Spezialreiseveranstalters, dem Marktführer für Ayurvedakuren. Sie ist vertraut mit den Geheimnissen der traditionellen und authentischen Ayurvedakuren im Ursprungsland und ist eine wahre Kennerin des Reiselandes Sri Lanka.

Der Fotograf

Aufgewachsen auf dem flachen Land in Schleswig-Holstein, lebt der Fotograf **Michael Holz** seit 15 Jahren in Hamburg. In seinem Studio arbeitet er heute für viele Verlage und Werbeagenturen. Hier realisiert er am liebsten Projekte, bei denen er seine Erfahrungen aus der Arbeit in den unterschiedlichsten Gebieten der Fotografie kombinieren kann – von Landschaftsfotografie, Beauty und People bis zu Arbeiten für die Musikbranche. Aktuelle Arbeiten unter www.michaelholz.com.

Bildnachweis

Interfoto, München: S. 120

Hinweis

Alle Angaben erfolgen ohne Gewähr. Weder Autorinnnen noch Verlag können für eventuelle Fehler oder Schäden, die aus den im Buch gegebenen praktischen Hinweisen resultieren, eine Haftung übernehmen.

Der Südwest Verlag ist ein Unternehmen der Econ Ullstein List Verlag GmbH & Co. KG., München.

Redaktionsleitung Susanne Kirstein
Bildredaktion Sabine Kestler
Fotografie Michael Holz
Assistenz Susanne Tiepelmann
Foodstyling Clarence Brown
Styling Matthias Eitner
DTP/Satz Jan-Dirk Hansen
Umschlag und Layout
Katharina Schweissguth
Produktion Manfred Metzger
(Leitung), Annette Aatz

ISBN 3-517-06653-2